月　日　名　前

始め　　時　　分　　終わり　　時　　分　　かかった時間　　分

とく点

©くもん出版

❶ 次の☐の文を読んで、後の問題に答えましょう。　（10点）

　はるきが、お父さんをむかえに駅へ行きました。

(1)「だれ」が、お父さんをむかえに行きましたか。

（　はるき　）が、行き

JN051794

❷ 次の文章を読んで、後の問題に答えましょう。　（15点）

　車がキーッと止まりました。すると、男の子が、おりてきました。

(1)「だれ」が、おりてきましたか。

（　　　　　）が、おりてきました。

❸ 次の文章を読んで、後の問題に答えましょう。　（15点）

　五月のよく晴れた日でした。おばさんが、ふっくらとしたかわいい赤ちゃんを連れてきました。

(1)「だれ」が、赤ちゃんを連れてきましたか。

（　　　　　）が、連れてきました。

まず、「はじめに、」と
「だれが、行きましたか。」
と、すると、「② 」の
が男の子が、「。」のように、
おかあさんに、はなしませ
んか。」のように、

①

②

6 次の文章を読んで、後の問題に答えましょう。 (15点)

> おなかがすいたので、ぼくは、「ごはんは、まだ。」ときいてみました。お母さんは、それを見て、すぐにごはんをお皿にもりました。

(1) だれが、お皿をもりましたか。

（　　　　）が、もりました。

---

5 次の文章を読んで、後の問題に答えましょう。 (15点 一つ)

> 妹が、なきながら、ひとりで帰ってきました。ぼくは、それを見ました。ぼくは、妹を

(2) だれが、妹をなだめましたか。

（　　　　）が、なだめました。

(1) だれが、泣きながら帰ってきましたか。

（　　　　）が、帰ってきました。

---

4 次の文章を読んで、後の問題に答えましょう。 (15点)

> へいしゃらが、きゅうに立ちどまりました。ぼくは、あきらの顔を見ました。あきらは、び

(1) だれが、急に立ち止まりましたか。

（　　　　）が、立ち止まりました。

2

くもん出版

1 次の文章を読んで、後の（　）に合うことばを書きましょう。（一つ10点）

　りょうが、たくさんの貝を持ってかえりました。
「お母さん、ほら、こんなに。」
　お母さんは、それを見ると、にっこりと笑って、りょうのひたいのあせをふいてくれました。

(1) （　　　　　　　　　　）が、貝を持ってかえりました。

(2) （　　　　　　　　　　）は、りょうのひたいのあせをふいてくれました。

3

2 次の文章を読んで、後の（　）に合うことばを書きましょう。
（一つ10点）

　村田さんが、※リコーダーをふいてくれました。「こんな感じ」というように、目でわたしに合図しました。いつの間にか、わたしも、いっしょになってリコーダーをふいていました。

※リコーダー……たて笛の一種。

(1) （　　　　　　　　　　）が、ふいてくれました。

(2) （　　　　　　　　　　）も、リコーダーをふいていました。

④ 次の文章を読んで、後の（　）に合うことばを書きましょう。（1つ10点）

そのとき、先生が「いたいなあ。」と言った。もっくんは、「アーンと声を上げて、大じょうぶだね。」と言った。ジャンをぬかしはじめると、ぼくはなわとびの横をこえて、ジャンをぬかしはじめた。

（1）「いたいなあ。」と言ったのは、
（　　　　　）です。

（2）「アーンと声を上げたのは、
（　　　　　）です。

（3）ジャンをぬかしはじめたのは、
（　　　　　）です。

4

③ 次の文章を読んで、後の（　）に合うことばを書きましょう。（1つ15点）

おじさんはおみやげを入れてくれた。おみやげはゆみのてさげぶくろに、ゆみのてさげぶくろはおかしの包みを入れてくれた。「ありがとう。」と言って、おじさんは「あはは。」と言った。

（1）ゆみのてさげぶくろに、おかしの包みを入れてくれたのは、（　　　　）です。

（2）「ありがとう。」と言って、おかしをもらったのは、
（　　　　　）です。

月 日 名前

始め 時 分 終わり 時 分 かかった時間 分

点

とく点

© くもん出版

1 次の文章を読んで、後の問題に答えましょう。 （1つ10点）

> りようが、たくさんの貝を持ってかけよりました。
> 「お母さん、ほら、こんなに。」
> お母さんは、それを見ると、にっこり笑って、りようのひたいのあせをふいてくれました。

(1) 貝を持ってかけよったのは、だれですか。

（貝を持ってかけよったのは、）（　　　　　　　　）です。

(2) にっこり笑ったのは、だれですか。

（にっこり笑ったのは、）（　　　　　　　　）です。

2 次の文章を読んで、後の問題に答えましょう。 （1つ10点）

> 村田さんが、リコーダーをふいてくれました。「こんな感じ」というように、目でわたしに合図しました。いつの間にか、わたしも、いっしょになってリコーダーをふいていました。

(1) リコーダーをふいてくれたのは、だれですか。

（リコーダーをふいてくれたのは、）（　　　　　　　　）です。

(2) いっしょになってリコーダーをふいたのは、だれですか。

（いっしょになってリコーダーをふいたのは、）
（　　　　　　　　）です。

5

④ 次の文章を読んで、後の問題に答えましょう。　（1つ15点）

買った品物を受け取ったわたしは、おみやげにあめをいれてくれたおばさんに「ありがとう」とお礼を言って、おじさんの包みをいれてくれたおばさんは

(1) おみやげの包みを入れてくれたのは、だれですか。

〔　　　　　　　　〕です。

(2) おじぎをしたのは、だれですか。

〔　　　　　　　　〕です。

③ 次の文章を読んで、後の問題に答えましょう。　（1つ15点）

「ジャンプして」と先生が言ったので、みんなはいっせいに横を見ると、みんなは大きくジャンプしはじめた。ときねが言ったのでとちゅうで、みんなは、「ワー」という声を上げた。

(1) 〜〜〜 と言い始めたのは、だれですか。

〔　　　　　　　　〕です。

(2) ジャンプをしはじめたのは、だれですか。

〔　　　　　　　　〕です。

できごとと場面①

❶　次の□の文を読んで、後の問題に答えましょう。　（10点）

> トラックが、工場から何台も出てきました。

(1)　「何」が、出てきましたか。

（　　　　　　　　）が、出てきました。

❷　次の文章を読んで、後の（　）に合うことばを書きましょう。（10点）

> つばめが、ものすごい速さで飛んでいきます。目で追うのもやっとなくらいの速さです。

(1)　ものすごい速さで飛んでいくのは、（　　　　　　　）です。

❸　次の文章を読んで、後の問題に答えましょう。　（一つ15点）

> 雨が上がると、太陽が強く照りだした。すると、せみが、いっせいに鳴き始めた。

(1)　照りだしたのは、なんですか。

（照りだしたのは）（　　　　　　）です。

(2)　鳴き始めたのは、なんですか。

（　　　　　　）です。

7 次の文章を読んで、後の問題に答えましょう。 （15点）

今日は、妹の入学式です。ゆうべは、妹といっしょに登校しました。妹の入学式です。

(1) 妹の入学式は、いつですか。

〔（ 　　　　 ）
です。〕

6 次の□の文を読んで、後の問題に答えましょう。 （15点）

庭の花だんは、みのりだんは午前中、おかあさんからもらったチューリップの球根を植えました。

(1) みのりが、球根を植えたのは、いつですか。

〔（ 　　　　 ）
です。〕

5 次の□の文を読んで、後の（ ）に合うことばを書きましょう。 （10点）

そうたは、日曜日に、近くの川原に行きました。

(1) そうたが、近くの川原に行ったのは、

（ 　　　　 ）
です。

4 次の□の文を読んで、後の問題に答えましょう。 （10点）

昨日、図書館でよしなりに会いました。

(1) 「いつ」「どこ」で会いましたか。

〔（ 　　　　 ）、
（ 　　　　 ）
で会いました。〕

❶ 次の□の文を読んで、後の問題に答えましょう。　　　　(10点)

学校の帰り、横だん歩道でさいふを拾いました。

⑴ 「どこ」で拾いましたか。

（　　　　　　　　　　）で拾いました。

❷ 次の文章を読んで、後の（　）に合うことばを書きましょう。(10点)

たかしが、階だんを上がっていきました。すると、部屋の前で、お姉ちゃんがこわい顔をして立っていました。

⑴ お姉ちゃんが立っていた所は、（　　　　　　　　　　）です。

❸ 次の文章を読んで、後の問題に答えましょう。　　　(1つ15点)

わたしたちは、教室でリコーダーの練習をしました。わたしのとなりに村田さんがすわって、指の動かし方を教えてくれました。

⑴ 「わたしたち」が練習したのは、どこですか。

〔（わたしたちが練習したのは、）（　　　　　　　　）です。〕

⑵ 村田さんがすわったのは、どこですか。

〔わたしの（　　　　　　　　）です。〕

9

6 次の文章を読んで、後の問題に答えましょう。　　（1つ15点）

> すると、あきの指先が、赤ちゃんのほっぺにふれました。赤ちゃんは、あきの指先に、にっこり笑いました。

(1) あきの指先は、赤ちゃんの（　　　　）にふれました。

(2) 赤ちゃんは、（　　　　）に、にっこり笑いました。

5 次の□の文を読んで、後の（　）に合うことばを書きましょう。　　（10点）

> 思いきりキャッチボールをしました。ぼくがボールを投げると、ジーナはキャッチしました。

(1) ぼくは、（　　　　　　　　　　）ました。

4 次の□の文を読んで、後の問題に答えましょう。　　（10点）

> 箱には、ひもがしっかり結んであります。ひもは、ちょうちょ結びに結んであります。

(1) ひもが、（　　　　　　　　）に結んであります。

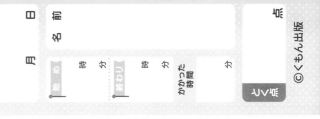

©くもん出版

1 次の◻の文を読んで、後の問題に答えましょう。 (10点)

> 弟は、下に置いたボールをけりました。

(1) 弟は、どうしましたか。

〔 弟は、ボールを（　　　　　　　　　　）。〕

2 次の◻の文を読んで、後の（　）に合うことばを書きましょう。 (10点)

> 夜になったら、子犬がワンワン鳴き始めた。

(1) 子犬がワンワン（　　　　　　　　　　）。

3 次の文章を読んで、後の問題に答えましょう。 (一つ15点)

> おばさんが、ベビーカーで赤ちゃんを連れてきました。あやみがのぞきこむと、赤ちゃんは、じっとあやみのことを見ました。

(1) おばさんは、ベビーカーでどうしましたか。

〔 （ベビーカーで）赤ちゃんを（　　　　　　　　　　）。〕

(2) 赤ちゃんは、どうしましたか。

〔 じっとあやみのことを（　　　　　　　　　　）。〕

6 次の文章を読んで、後の問題に答えましょう。 (1つ15点)

> 今日は、妹の入学式です。校門の前は、ゆうべは、さくらの花がきれいにさきましたが、今日は、さくらの花びらがちらちら散ってしまいました。わたしと妹とで、登校しました。

(1) 今日は、なんですか。

今日は、( )の( )です。

(2) 校門の前は、どんなでしたか。

( )でした。

5 次の□の文を読んで、後の( )にあうことばを書きましょう。(10点)

> わたしに見えるのが白鳥座で、その白鳥座の上の方に見えるのがわし座で、その左横に見えるのは

(1) わし座の左横に見えるのは( )です。

4 次の□の文を読んで、後の問題に答えましょう。(10点)

> お祭りの日、夜店が出て、とてもにぎやかでした。

(1) お祭りの日、夜店が出て、とてもにぎやかでしたか。

お祭りの日、( )でした。

月　日　名前

始め　時　分　終わり　時　分　かかった時間　分

とく点

点

©くもん出版

1 次の文章を読んで、後の問題に答えましょう。　(一つ 10点)

　今日の午後、おじさんが子犬を連れてきた。子犬は、まだ小さくて、体をがたがたふるわせていた。夜になると、子犬はクンクン鳴き始めて、とてもさびしそうだった。それで、ぼくは、子犬を自分の部屋に入れた。

(1) 子犬を連れてきたのは、だれですか。

〔（子犬を連れてきたのは、）（　　　　　　　　）です。〕

(2) 体をがたがたふるわせていたのは、なんですか。

〔（体をふるわせていたのは、）（　　　　　　　　）です。〕

(3) 子犬は、どのように鳴き始めたのですか。

〔（子犬は、）（　　　　　　　　）鳴き始めた。〕

(4) 鳴き始めた子犬は、どんなようすでしたか。

〔（鳴き始めた子犬は、）とても（　　　　　　　　）でした。〕

(5) 「ぼく」は、子犬をどうしたのですか。

〔自分の部屋に（　　　　　　　　）。〕

13

② 次の文章を読んで、後の問題に答えましょう。

夕方、お母さんと、妹のゆみを連れて、わたしはお買い物に行った。わたしは、肉屋さんに行って、妹のゆみを連れて、お店のお肉を買った。

「はんにおかしを入れてくるよ。」と言って、ゆみが店の中に入っていきました。あんがいおなかがすいていたので、「ありがとう。」と言って、わたしはおかしの包みをあけて、店の中に入っていったゆみの手をあげた。

(1) 「わたし」と妹が買い物に行ったのは、いつですか。
（　　　　　）

(2) 「わたし」と妹が買い物に行ったのは、どこですか。
（　　　　　）です。

(3) ～～の「こと」を言ったのは、だれですか。
（　　　　　）です。

(4) おかあさんは、ゆみのよこに、お店の中に入っていったのですか。
（　　　　　）です。

(5) ゆみは、おかしの包みをあけて、「ありがとう。」と言って入っていった。
（　　　　　）。

14

8 かくにんテスト(1)
「白いぼうし」

月　日
名前
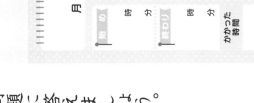
はじめ　時　分
おわり　時　分
かかった時間　分
とく点
©くもん出版

1 次の文章を読んで、下の問題に答えましょう。

「これは、レモンのにおいですか。」
「いいえ、夏みかんですよ。」
ア　松井さんは、車から出ました。「おや、車道のあんなすぐそばに、ぼうしが落ちているぞ。風がもうひとふきすれば、車がひいてしまう。」
せまい道のむこうに、緑がゆれています。松井さんは、車から出ました。そして、ぼうしをひろい上げたとき、何かが飛び出しました。「あれっ。」
もんしろちょうです。あわててぼうしをふり回しました。そんな松井さ

(1) ぼうしがおいてあったのは、どこですか。(一つ10点)

①（　　　　　　　）のそば、②（　　　　　　　　　　　　　　）の、緑がゆれている（　　　　　　　　　　　）です。

(2) 松井さんは、車から出て、どうしたのですか。(10点)

（　　　　　　　　ぼうしを　　　　　　　　　　）。

(3) もんしろちょうは、ぼうしからどのように飛び出しましたか。(10点)

（　　　　　　　　　　　）と飛び出しました。

15

くもん出版

物語を読んだり、「だれが」「何を」「どのように」「どうした」「どんな気持ちで」などの場面の様子を思いうかべて、ほかの人に伝えましょう。

（令和2年度版『あたらしいこくご一上』光村図書18〜19ページによる）

松井さんで、小さなたけのこを持っていきました。おまわりさんの横にそっと立って、木の上をながめます。

「ほら、あすこに赤いぼうしが。」

とおまわりさんが、ゆびさきで木のえだを教えてくれました。

見ると、ねこが二ひきなかよくのっているのが見えました。

おまわりさんが通りかかりました。

松井さんのたからものは、おまわりさんの横を通りすぎました。

「　　　　　　　　　　　　　　」

（7）［　］の「通りすぎました。」と言ったのは、だれですか。選んで、○をつけましょう。（15点）

ア（　　　）

イ　おまわりさん（　　　）

ウ　松井さん（　　　）

（6）松井さんの横を、通りすぎました。だれがですか。（15点）

（　　　　　　　　　　　）

（5）ほうには何があり、何が見えましたか。（15点）

・のぼりがあり、（　　　　　）が見えました。

（4）もち……

16

月　日　名前

始め　時　分
終わり　時　分
かかった時間　分

とく点　点

©くもん出版

❶ 次の文章を読んで、後の問題に答えましょう。 (15点)

　スズムシの鳴くしくみを調べてみましょう。
　スズムシは、羽を立てて、右羽と左羽をこすり合わせて音を出します。ちょうど、バイオリンをひくような感じです。

(1) 何について書かれていますか。( )に合うことばを、後の ⎡⎤ から選んで書きましょう。

［スズムシの（　　　　　　　　　　）について。］

⎡鳴くしくみ ・ 羽の立て方⎤

17

❷ 次の文章を読んで、後の問題に答えましょう。 (15点)

　トンボのよう虫（ヤゴ）が、トンボになる様子を見ることができました。
　よう虫のせなかのかわがわれ、頭と足が出てきます。せなかがわれてから一時間ほどで、大人のトンボになります。

(1) 何について書かれていますか。( )に合うことばを、後の ⎡⎤ から選んで書きましょう。

［トンボのよう虫が、（　　　　　　　　　　）様子について。］

⎡頭と足を出す ・ トンボになる⎤

4 次の文章を読んで、後の問題に答えましょう。

みなさんは耳の大きな生きものを知っていますか、ゾウの大きな耳がどうしてあんなに大きいのでしょうか。ゾウは、ウサギのようにすばやく耳を動かしたりしませんが、ゾウの大きな耳は、体温を下げて広げて、風で暑さをしのいでいるのです。また

(1) 何について書かれていますか。

① （　　　　　　）の大きな耳が、どんなことをしているか。

② （　　　　　　）ということ。

(1つ20点)

18

3 次の文章を読んで、後の問題に答えましょう。

海そうを身につけてあるきまわるカニがいます。このカニは、自分の体のまわりにあるかいそうやほかの生きものを利用して、身を守るのです。例だらし身を守るほかのカニは

(1) 何について書かれていますか。

① カニが、ほかの生物を（　　　　　　）こと。

② （　　　　　　）ということ。

(1つ15点)

くもん出版

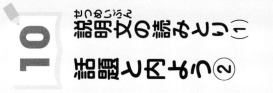

❶ 次の文章を読んで、後の問題に答えましょう。

　ビーバーは、どのようにして巣をつくるのでしょうか。
　ビーバーの巣の多くは、川につくられます。
　ビーバーは、自分で切り出してきた木と、どろや石を使って、巣をつくります。

(1) 何について書かれていますか。 (一つ15点)

　① (　　　　　　　　　) は、どのようにして
　② (　　　　　　　　　) をつくるのかについて。

❷ 次の文章を読んで、後の問題に答えましょう。

　クモは、どうやってえものをつかまえるのでしょう。
　あみのように広げたクモの巣には、いろいろな虫がくっつきます。クモは、えものがあみについて、すぐにやってきます。

(1) 何について書かれていますか。 (一つ15点)

　① (　　　　　　　　　) は、どうやって ② (　　　　　　　　　)
　をつかまえるのかについて。

19

4 次の文章を読んで、後の問題に答えましょう。

（20点）

大人のトンボになるまでに虫は、水の中からながれてきたのがながれたのが一時間ほどで、頭と足が出て、大人のトンボになる様子を見ています。

（1）大人のトンボのよう虫は、水の中からながれてきたのが、ながれてきたのはなん時間ほどで、大人のトンボになりますか。

（　　　　　　　　　）（から）
ほど、大人のトンボになれます。

20

3 次の文章を読んで、後の問題に答えましょう。

スズムシは、オスだけが鳴きます。右羽と左羽をこすり合わせて音を出します。そのとき、右羽と左羽を立てて、ちょうど左右をかさねるようにして音を出します。スズムシの鳴く音を調べてみましょう。

（1）スズムシは、どのようにして音を出しますか。（1つ15点）

① スズムシは、（　　　　　　　）羽を（①　　　　　　　）、右羽と左羽を（②　　　　　　　）音を出します。

1 次の文章を読んで、後の問題に答えましょう。　　（一つ10点）

　ビーバーの巣の多くは、川につくられます。しかし、川は流れがあるので、まず、木と石とどろで川をせき止めるダムをつくります。その後で、せき止められた川の真ん中に巣をつくるのです。

(1) ビーバーは、巣をつくる前に、まず、何をつくりますか。

　　川をせき止める（　　　　　　　　　）をつくります。

(2) ビーバーは、ダムをつくった後、どこに巣をつくりますか。

　　せき止められた（　　　　　　　　　）に巣をつくります。

2 次の文章を読んで、後の問題に答えましょう。　　（一つ10点）

　クモの上あごには、下向きのきばがあります。これでえものをさします。また、このきばからは、消化えきが出てきて、えものをとかします。そして、とけたえものを、上あごですくい取るように食べるのです。

(1) クモの上あごには、何がありますか。

　　下向きの（　　　　　　　　　）があります。

(2) クモの上あごにあるきばからは、何が出てきますか。

　　（　　　　　　　　　）が出てきます。

21

次の文章を読んで、後の問題に答えましょう。

③

カニは、ほかの生物を利用して、身を守ることがあります。守る方法には、いくつかの例があります。

一つは、キンチャクガニのように、ほかの生物を利用して、身を守るという方法があります。キンチャクガニは、身を守るために、自分の体ぐらいの大きさの貝や海そうを身に...のセイには、...のキンチャクガニは、身を...回して、...のキンチャクガニのように、ほかの生物を利用して、身を守るというものです。

(1) カニが利用することがあるのは、何を取り上げていますか。三つ書きましょう。(一つ10点)

( )・( )・( )

(2) カニは、どのようにして、自分の体ぐらいの大きさの身をかくしますか。(15点)

( )

(3) キンチャクガニは、どのようにして、身をかくしますか。(15点)

( )

くもん出版

❶ 次の文章を読んで、後の問題に答えましょう。

　森林は、人間や動物を守るはたらきをしています。このはたらきには、大きなものが三つあります。

　第一に、大雨がふっても、木の根元に雨水をたくわえ、こう水をふせいでいます。

　第二に、動物たちにえさやすみかをあたえています。

　第三に、森林がさんそ※をつくり出し、空気をきれいにしています。

※さんそ…空気などにふくまれている色もにおいもない気体。生物が生きるために必要なもの。

23

(1) 森林のはたらきについて、（　）に合うことばを書きましょう。
(一つ10点)

・〔　木の根元に雨水をたくわえ、①（　　　　　　　　）をふせいでいます。〕

・〔　動物たちに②（　　　　　　　　）をあたえています。〕

・〔　③（　　　　　　　　）をつくり出し、空気を④（　　　　　　　　）にしています。〕

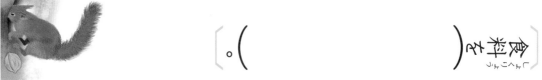

次の文章を読んで、後の問題に答えましょう。 ②

木の実を土の中にうめるリスがいます。野生のリスは、秋に食料（しょくりょう）をたくわえます。やがて木にそだつ木の実をたくさん食べてしまうので、リスは食べる分だけを土の中にうめておきます。そして、冬の間に、森に食料をたくわえるためにうめた木の実を食べるのです。でも、リスは、うめた木の実をすべて食べるわけではありません。土の中にのこった木の実は、春に芽を出します。それが、やがて木にそだつのです。

（1）野生のリスは、秋に何をたくわえますか。

食料（しょくりょう）を（　　　　　）。

（10点）

（2）リスは、冬の間に食べるための木の実を、どこにしましたか。

①（　　　　　）に、木の実を

②（　　　　　）。

（1つ10点）

（3）リスがうめた木の実が、春になって芽を出すのは、なぜですか。

①（　　　　　）が、場所を、リスが

②（　　　　　）へ

（　　　　　）しまうからです。

（1つ15点）

24

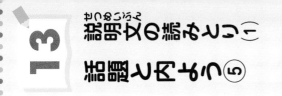

1 次の文章を読んで、後の問題に答えましょう。

　わたり鳥は、わたりの時期や方向を、どうして決めているのでしょう。このことを調べた人がいます。
　鳥たちは、昼と夜の長さの変化などから、季節を知って、わたる時期を決めるようです。
　また、方向は、太陽や星の位置などを目印にして決めるので、遠くまでわたることができるのです。

(1) 何について書かれた文章ですか。 (10点)

　わたり鳥のわたりの（　　　　　　　　）の決め方について。

(2) わたり鳥は、どのようにしてわたる時期を決めるのですか。 (一つ10点)

　①（　　　　　　）の長さの②（　　　　　　）などから、③（　　　　　　）を知って、わたる時期を決める。

(3) わたりの方向は、何を目印にして決めるのですか。(10点)

　（　　　　　　）などを目印にして決める。

次の文章を読んで、後の問題に答えましょう。 ②

ユキウサギは、春から夏にかけてユキウサギの毛の色の変化が見てみましょう。春から夏にかけては、茶色の毛が生えてきて、毛の色が茶色に変わります。この茶色の毛は、身を守る色になっています。

秋から冬にかけては、白い毛が生えてきて、毛の色が白く変わります。冬には、真っ白な、新しい毛に変わります。

（1）何について書かれた文章ですか。（10点）

ユキウサギの（　　　　　　）について。

（2）「夏毛」とは、いつ生えるどんな色の毛のことですか。（1つ10点）

①（　　　　　　）ごろ生える

②（　　　　　　）の毛のことです。

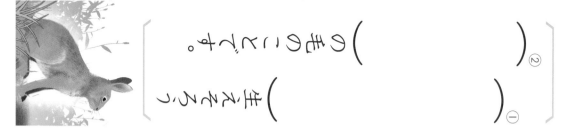

（3）ユキウサギの毛の色が変わるのは、どんな都合のよいことがあるのですか。（1つ10点）

①（　　　　　　）から、

②（　　　　　　）ことができるということ。

身を守ることができる。

「ユキウサギは、それぞれの季節の風景に合わせて毛の色が変わるんだね。」 ②

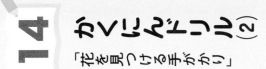

14 かくにんドリル(2)
「花を見つける手がかり」

❶ 次の文章を読んで、下の問題に答えましょう。

ちょうは、もんしろちょうは、何を手がかりに、花を見つけるのでしょう。花の色でしょうか。形でしょうか。それとも、においでしょうか。

（一部省略）

実験は、花だんの花を使って始めました。花だんには、赤・黄・むらさき・青と、四種類の色の花がさいています。少しはなれた所で、生まれてからいっせいに放しました。もんしろちょうは、生まれながらに、花を見つける力を身につけているらしく、いっせいに飛んでいきます。もんしろちょうは、花だんに向かって、いっせいに飛んでいきます。もんしろちょうは、生まれながらに、花を見つける力を身につけ

（1）この文章は、何について書かれた文章ですか。（一つ10点）

① （　　　　　　）は、何を手がかりにして

② （　　　　　　）を見つけるのかについて。

（2）実験は、どんな花だんで行われましたか。（一つ5点）

① （　　　　）・② （　　　　）・

③ （　　　　）・④ （　　　　）

の四種類の⑤ （　　　　）の花がさいた花だん。

（3）実験には、どんなもんしろちょうが使われましたか。（10点）

（　　　　　　　　　　　　　　　　　　）もんしろちょう。

27

（令和２年度版）
「花を見つけるてがかり」
吉原順平
『ひろがる言葉　小学国語　四上』
教育出版
36〜38

ん。

実験をしたおにれをしたのですが、赤い花にもいろいろな色のついた花たちをいっしょに植えます。

赤まちょっと決めてしまうちがいをしていておいて花たちにだめになるからです。別のことなのに、お花だんにおいて花たちは、ちょうど決めましょう。

色でしょうか。花たちはいろいろな色をしているのでしょうか。それとも、赤い花に集まってくるのでしょうか。むらさきの花と青い花に集まるとして見ると、赤い花に集まってくるのですが、この花たちはちょっとちがいをしていて、赤い花に集まりだすと、ほかの花とへ集まってしまいます。そういうことに注意になりました。だから、むらさきの花と青い花に集まるところを早すぎるとのでしょうか。

（４） モンシロチョウが放すと、

① □□□□□ となりました。

② □□□ に向かって

・飛んできた。

（一つ5点）

（５） □ はまりましたか。

・あまり来なかった花には

③ （　　　　　）の花には集まったが

④ （　　　　　）の花にはあまり来なかった。

（15点）

（６） 「別の実験」とは、何をしたのですか。

〔　　　　　　　　　　　　　　　　〕

（15点）

ア（　　）色か、形か。

イ（　　）色か、形か。

ウ（　　）形か、色か。

○を一つ選んで、つけましょう。

（10点）

28

くもん出版

1 次の文章を読んで、後の問題に答えましょう。 (1つ10点)

> つり橋の下からは、ゴーゴーという川の流れる音がする。足をふみ出すたびに、ギシギシとつり橋がきしむ。

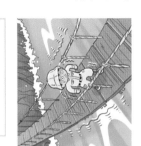

(1) つり橋の下からは、どんな音がしますか。

〔（　　　　　）という川の流れる音。〕

(2) 足をふみ出すたびに、つり橋は、どのようにきしみますか。

〔（つり橋は、）（　　　　　）ときしみます。〕

2 次の文章を読んで、後の問題に答えましょう。 (1つ10点)

> 春風がそよそよとふいて、たんぽぽの白いわた毛がゆれています。やわらかい日ざしで、ねずみのせなかは、ぽかぽかしてきました。

(1) 春風は、どのようにふいていますか。

〔（春風は、）（　　　　　）とふいています。〕

(2) やわらかい日ざしで、ねずみのせなかは、どうなってきましたか。

〔（ねずみのせなかは、）（　　　　　）してきました。〕

（4）このことは、自転車さんが気にいったことでした。「ひとりでに、かってに走りだすなんて、ぼくは、こんなにはやく走ったことがない。」と、じてんしゃがひとりでにはしり始めた。

4 次の文章を読んで、後の問題に答えましょう。（1つ15点）

> すると、「あっ、」ぼくはトンネルからわかったことがあって、じてんしゃをおしていましたが、じてんしゃはひとりでにトンネルの中のさかみちを走りだしてしまいました。「――もし」ぼくは、じてんしゃをおしてみました。

（1）ぼくは、じてんしゃを、どうしていましたか。
[（じてんしゃを　　　　　　　　　　）していた。]

（2）じてんしゃがひとりでにわかったことは、どんなことでしたか。
[（　　　　　　　　　　）から。]

3 次の文章を読んで、後の問題に答えましょう。（1つ15点）

> ありたちは、ちからもちです。その中のいっぴきだけでも、自分のからだの何ばいもある大きなにもつを、はこびながらあるいています。

（1）ありたちは、どのようにあるいていますか。
[（　　　　　　　　　　）ながら運んでいる。]

（2）いっぴきのありは、自分の何ばいもある大きなにもつを、どのように運んでいたのですか。
[（　　　　　　　　　　）大きなにもつを、運んでいた。]

❶ 次の文章を読んで、後の問題に答えましょう。

　山ぶどうが、今にもいほれ落ちそうに実っている。
「この辺で、お昼にしようよ。」
と、たぬきのケンが言った。けれども、こだちのカンは、立ち止まろうともしないで、<u>どんどん</u>山を登っていく。
「もうつかれた。山ぶどう食って、ねようよ。」
ケンは、わざと大きな声で言った。

(1) 山ぶどうは、どのように実っているのですか。 (10点)

〔 今にも（　　　　　　　　　　　　　）実っている。 〕

(2) 「<u>どんどん</u>」は、なんの様子ですか。 (一つ10点)

〔 こだちのカンが、①（　　　　　　　　　　　）とも
しないで、山を②（　　　　　　　　　）いく様子。 〕

(3) 〜〜のことばを、ケンは、どのように言ったのですか。
 (10点)

〔 （ケンは、）（　　　　　　　　　　　　　）言った。 〕

①　②　③

動物たちは、けむりをあてて聞いているようすが、〜のように読みとれる言ばだね。

2 次の文章を読んで、後の問題に答えましょう。

「火事だ、火事だ。」
というさけび声が聞こえてきました。
けものたちは、あわてて木をつたってにげ出しました。キツネもイタチもにげ出しました。
とりたちは、どこへにげたらよいのか知らずに、とんだり、木にとまったりしていました。
「火事だ、火事だ。」

⑴ 「火事だ、火事だ。」は、だれの、どんな声ですか。（1つ10点）

①（　　　　　　）の
②（　　　　　　）声。

⑵ とりたちは、どこへにげたらよいのかを知らずに、どのようにしていましたか。（10点）

（　　　　　　　　　　　　）
木をたたいて、
ていました。

⑶ 動物たちは、どのようににげ出しましたか。（1つ15点）

①（　　　　　　　）は、
木をつたってにげ出しました。

②（　　　　　　　）は、
とび出しました。

1 次の文章を読んで、後の問題に答えましょう。

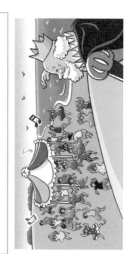

　今日は、ポコタン島のお祭りです。
　ポコタン島の王様は、おどりが大好きで、音楽が聞こえると、体がうずうずしてきます。王様は、大臣がいないすきに、こっそり城をぬけ出して、お祭りの広場に向かいました。広場では、ドン、ドン、ピーヒャラ、音楽が鳴りびびいています。

(1) おどりが大好きなのは、王様のどんな様子からわかりますか。（一つ5点）

①（　　　　　　　　　　）が聞こえると、体が
②（　　　　　　　　　　）してくる様子から。

(2) 王様は、どのように城をぬけ出しましたか。（10点）

大臣がいないすきに、（　　　　　　　　　　）城を
ぬけ出しました。

(3) 広場は、どんな様子ですか。（　）に合うことばを、後の　　　から選んで書きましょう。（一つ10点）

①（　　　　　　　　　　）で②（　　　　　　　　　　）な様子。

静か　・　にぎやか　・　楽しそう

33

２ 次の文章を読んで、後の問題に答えましょう。

ほたるは雨上がり
の夕方、野原に青々
と光りました。する
と、あたりはだんだ
ん暗くなってきまし
た。そして、野原は
しずかになりまし
た。ほたるは月を見
上げ辺りに『こう
（ぼうっと）』と光り
ました。

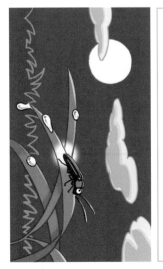

(1) ほたるは、何に「こう」と光を上げましたか。(1つ5点)
　① 雨上がりの野原の（　　　　　）

(2) あたりが暗くなると、ほたるのまわりの様子は、どうなりましたか。(1つ10点)
　①（　　　　　）が（　　　　　）こと、
　②（　　　　　）を見上げると、（　　　　　）が光りました。

(3) この文章の場面は、どのような様子ですか。（　　　　　）に合う（　　　　　）を、後の　　　から選んで書きましょう。(1つ10点)
　①（　　　　　）で（　　　　　）
　②（　　　　　）様子。

・静か
・にぎやか
・さわやか
・さびしい
・おかしい
・落ち着いた

18 物語の読みとり(2)
場面と様子を表す言い方①

月　日　名前

始め　時　分　終わり　時　分　かかった時間　分

点

とく点

©くもん出版

❶ 次の文章を読んで、後の問題に答えましょう。

春風が ① とふいて、たんぽぽの白いわた毛がゆれています。やわらかい日ざしに、ねずみのせなかは、 ② してきました。

ねずみは、花畑で横になりました。すると、たんぽぽのわた毛が、まるで白いじゅうたんのように見えました。

(1) ① ・ ② に合うことばを、後の □ から選んで書きましょう。　(一つ10点)

① … 春風が [　　　　　　] とふいています。

② … ねずみのせなかは、 [　　　　　　] してきました。

┌─────────────────────────────┐
そわそわ ・ そよそよ ・ ぽかぽか ・ ふかふか
└─────────────────────────────┘

(2) たんぽぽのわた毛は、どのように見えましたか。　(10点)

(たんぽぽのわた毛は、)まるで（　　　　　　）のように見えました。

(3) この文章は、どんな場面ですか。（　）に合うことばを、後の □ から選んで書きましょう。　(一つ10点)

①（　　　　　　）とした春の②（　　　　　　）の場面です。

┌─────────────────────────────┐
のんびり ・ はっきり ・ ねずみ ・ 花畑
└─────────────────────────────┘

35

②　次の文章を読んで、後の問題に答えましょう。

森の中は、しずかでした。
森の動物たちは、みんなねむっていました。
とつぜん、①木が、「火事だ、火事だ。」という声が聞こえてきた。
森の中にすむ木たちは、おどろいて、とび起きました。
②飛び出して、にげました。

(1) ①・②のことばは、どんなことばに合っているか、後の [　] から選んで書きましょう。（1つ10点）

①…木たちは、森のほうから知らせをききました。
　　[　木を たたく　]

②…やねに [　] と 飛び出しました。

(2) 森の中は、どんなようすでしたか。（15点）
［ことは・ことは・ことは・やゆや・ゴンゴン］
（森の中は）（　　　　　　　　）ようすでした。

(3) この文章は、どんな場面ですか。（15点）
森の動物たちの場面です。
火事で大変な（　　　　　　　　）になった。

19 物語の読みとり(2)
場面と様子を表す言い方②

❶ 次の文章を読んで、後の問題に答えましょう。

　雨上がりの夕方、野原には、青々とした草のにおいがただよっていました。ほたるは、草むらで、そんなにおいに、~~うっとりしていました。~~

　辺りが暗くなると、ほたるは月を見上げました。すると、おしりがぽうっと光りました。ちょうど月の明かりが、おしりにともったようでした。

(1) ~~～~~から、ほたるのどんな様子がわかりますか。（　）に合うことばを、後の◯◯◯から選んで書きましょう。(10点)

〔（　　　　　　　　　）てぼんやりしている様子。〕

┌─────────────────┐
│ 気分が悪く ・ 気持ちがよく │
└─────────────────┘

(2) ほたるの光を何のようだと例えていますか。（一つ10点）

〔（ちょうど）①（　　　　　　　　　）が、おしりに
②（　　　　　　　　　）ようだ。〕

(3) この文章は、どんな場面ですか。（一つ10点）

〔雨上がりの夕方、①（　　　　　　　　　）で、月を見
上げた②（　　　　　　　　　）のおしりが光る場面です。〕

❷ 次の文章を読んで、後の問題に答えましょう。

橋の上から川を見ると、
雨がふらない日が何日も続いて、
□の水がへってしまいました。
せまくなった水の中で、
魚たちがたくさん集まって、
息苦しくなったのか、
水面にうかんでは、
口をパクパクさせていました。
やがて、水がすっかりなくなりました。
橋の下の小さな水たまりには、
生き物たちだけが残された。

(1) □に合うことばを、後の □ から選んで書きましょう。(10点)

川は □ にかわってしまいました。

┌─────────────────┐
│ すらすら ・ やわらか ・ さらさら │
└─────────────────┘

(2) ～～ の、魚たちのどんな様子が □ からわかりますか。後の □ から選んで書きましょう。(10点)

(　　　)

┌─────────────────┐
│ すらすら ・ やわらか ・ さらさら │
└─────────────────┘

(3) この文章は、どんな場面ですか。(1つ10点)

①　川のとんとなんな場面ですか。

(　　　　　　　)

②　生き物たちが、

(　　　　　　　)

┌─────────────────────┐
│ やぶれて ・ よごれて ・ あふれて │
│ 明かり ・ 見分け │
└─────────────────────┘

① 小さな川のとんとんな場面ですか。

(　　　　　　　　　)

② 生き物たちが、
わずかに残った
(　　　　　　　　　)
なって動きまわっている場面。
生き物たちが、印象的な場面として美しい場面だと読みとれるね。

❶ 次の文章を読んで、下の問題に答えましょう。

ある秋のことでした。三日、雨がふり続いたその間、ごん(小ぎつねの名前)は外へも出られなくて、あなの中にしゃがんでいました。

雨が上がると、ごんはほっとしてあなからはい出ました。空はからっと晴れて、もずの声がきんきんひびいていました。

ごんは、村の小川のつつみまで出てきました。あたりの、すすきのほには、まだ雨のしずくが光っていました。川は、いつもは水が少

(1) 「ほっとして」から、ごんのどんな様子がわかりますか。一つ選んで、○をつけましょう。　(10点)

ア （　　）おもしろくない様子。

イ （　　）安心した様子。

ウ （　　）不安な様子。

(2) 雨が上がった後の外は、どんな様子でしたか。(一つ10点)

・空は①（　　　　　）晴れていて、もずの声が②（　　　　　）ひびいていました。

・すすきの③（　　　　　）には、雨の④（　　　　　）が光っていました。

39

（令和2年度版 教育出版『新しい国語 四下』9ページより）
新美南吉『ごんぎつね』

雨上がりに、川にいる兵十のようすを読んでみよう！
兵十の様子が書かれているね。その動作や、様子を—

りました。
しばらくすると、兵十は、はりきりあみをゆらゆらゆすぶっていました。そのとき、「ぽちゃん。」と水の音がしました。兵十はそれから、ぬ……

……ごんは、村の小川のつつみまで出てきました。あたりのすすきの穂には、まだ雨のしずくが光っていました。川は、いつもは水が少ないのですが、三日もの雨で、水がどっとましていました。ただのときは水につかることのない、川べりのすすきやはぎの株が、黄色くにごった水に横だおしになって、もまれています。ごんは川下の方へと、ぬかるみ道を歩いていきました。

ふと見ると、川の中に人がいて、何かやっています。ごんは、見つからないように、そうっと草のしげみの中へ歩きよりました。

そこは、兵十だなと、ごんは思いました。兵十は、ぼろぼろの黒い着物をまくし上げて、こしのところまで水にひたりながら、魚をとるはりきりというあみをゆすぶっていました。

（3）――部分、川は、どんな様子ですか。「水が（　　　　　　　　　）。」と書きましょう。（10点）

（4）「たり」という様子を表している文章の中の、川にある――部分を引きぬきましょう。（10点）

（5）■の（　　）に入ることばを、あとからえらんで、○でかこみましょう。（10点）

（6）十生けの（　）（　）（　）動作や、様子。
ア（　　　）そろりそろりと歩く様子。
イ（　　　）さっとにげる様子。
ウ（　　　）じっと見る様子。
（10点）

①（　　　　　）と（　　　　　）
②（　　　　　）と（　　　　　）
あなをすくなから。
①②に合うことばを書きましょう。十の生けの様子、にに魚をとる様子。（10点×2）

くもん出版

月　日　名前

始め　時　分
終わり　時　分
かかった時間　分

とく点　点

© くもん出版

❶ □のことばに注意して、（　）に合うことばを、後の ⎡ ⎤ から選んで書きましょう。　（1つ10点）

(1) 雨がふってきた。⎡だから⎤、洋服が（　　　　　）。

┌ ぬれた ・ ぬれなかった ┐

(2) おなかがいたい。⎡それで⎤、食事を（　　　　　）。

┌ した ・ しなかった ┐

41

❷ □に合うことばを、後の ⎡ ⎤ から選んで書きましょう。（1つ15点）

(1) おなかがすいた。□、バナナを食べた。

┌ でも ・ だから ┐

「だから」や「それで」は、前の文の内ようを受けて、後にその結果が続くときに使うよ。

(2) かぜで熱がある。□、学校を休んだ。

┌ それで ・ しかし ┐

④ □に合うことばを、後の　から選んで書きましょう。（1つ15点）

(1) 雪がふった。□、雪は積もらなかった。

選択：でも ・ だから

「でも」や「しかし」は、前の文と反対の内容が後に続くときに使うよ。

(2) 泳ぎに行った。□、プールは休みだった。

選択：それで ・ しかし

---

③ の□に注意して、（　）に合うことばを、後の　から選んで書きましょう。（1つ10点）

(1) 雨がふってきた。でも、洋服は（　　　）。

選択：ぬれた ・ ぬれなかった

(2) 部屋のそうじをした。しかし、（　　　）です。

選択：よごれた ・ きれいになった

くもん出版

名前　日　月
はじめ　時　分
終わり　時　分
かかった時間　分
とく点　点
©くもん出版

1 □のことばに注意して、( )に合うことばを、後の□から選んで書きましょう。（一つ10点）

(1) 野球をした。 また、 サッカーも（　　　　　　）。

　　し　た　・　し　な　か　っ　た

(2) 海へ行こうか。 それとも、 山へ（　　　　　　）。

　　行こうか　・　やめようか

> 「また」「そして」は、前の文の内ようにつけたしたり、前と後の内ようをならべたりするときに使うよ。「それとも」は、前と後の内ようをくらべて、どちらかを選ぶときに使うんだよ。

2 □に合うことばを、後の□から選んで書きましょう。（一つ15点）

(1) 本を読んだ。[　　　　]、感想文を書いた。

　　し　か　し　・　そ　し　て

(2) 歌を歌おうか。[　　　　]、笛をふこうか。

　　それとも　・　だから

前と後の文のきごうを調べてみましょう。それぞれにあてはまることばはどれになりますか。□にあてはまることばをかきましょう。

④ □にあうことばを、後の□□から選んで書きましょう。（1つ15点）

(1) 宿題が終わった。[＿＿＿＿]、遊びに行こう。

┌─────────┐
│ では ・ でも │
└─────────┘

(2) 今日は、五月五日です。[＿＿＿＿]、いつもの
ものは

┌──────────┐
│ しかし ・ しても │
└──────────┘

---

③ □のことばに注意して、（ ）に合うことばを、後の□□から選んで書きましょう。（1つ10点）

(1) 次は、そうじは終わりました。（　　　　）。[です]

┌──────────────┐
│ 何をしますか ・ です ・ ですか │
└──────────────┘

(2) わたしのあの人は、母の妹です。（　　　　）。[します]

┌──────────────┐
│ 姉 ・ です ・ おば ・ ます │
└──────────────┘

「で」「でも」などは、前の文の内容とぎゃくのことがらがくるときに使います。「では」などは、前の文の内容をうけつぐときに使います。

❶ 次の文章を読んで、後の問題に答えましょう。　　　　　　(20点)

> ミツバチの一つの巣の中には、女王バチ・おすバチ・働きバチ・よう虫などがいっしょに、何万びきもくらしています。　しかし、女王バチは、たった一ぴきです。

(1) 次の( )に合うことばを、後の　　から選んで書きましょう。

> ミツバチの巣の中には、バチやよう虫が何万びきもくらしている。　しかし、女王バチは、（　　　　　　　　　　　）。

> 何びきもいる　・　一ぴきだけだ

❷ 次の文章中の　　に合うことばを、後の　　から選んで書きましょう。
　　　　　　　　　　　　　　　　　　　　　　　　　　(20点)

> ビーバーの巣の多くは、川につくられます。
> 　　　　　　、川は流れがあるので、まず、木と石とどろで川をせき止めるダムをつくります。その後で、せき止められた川の真ん中に巣をつくるのです。

> だから　・　しかし

45

③ 次の文章を読んで、後の文章中の□に合うことばを、後の「でも・また」から選んで書きましょう。（20点）

> クモは、えものをとらえて、消化えきを出します。えきでとかしたものを、すいとってえさにします。□、クモの上にのったとき、下向きのきばがあります。えさをつかまえるのに、きばがいるのはなぜですか。

でも ・ また

④ 次の文章を読んで、後の問題に答えましょう。（1つ20点）

> リスは、木の実を土の中にうめてたくわえます。春になって、□、木の実が芽を出します。でも、リスは、冬の間に食べるための木の実を食べるために、土にうめた場所をわすれてしまうことがあります。

(1) 「でも」に注意して、次の（ ）に合うことばを、後の「で・も・また」から選んで書きましょう。

> リスは、土にうめた場所を
> （　　　　　　　）、木の実をうめる。ので。

われ ・ わすれて ・ わすれない

(2) 文章中の□に合うことばを、後の

しかし ・ それで ・ それとも

から選んで書きましょう。

❶ 次の文章中の□に合うことばを、後の□から選んで書きましょう。
(一つ10点)

ミツバチの一つの巣の中には、女王バチ・おすバチ・働きバチ・よう虫などがいっしょに、何万びきもくらしています。①[　　　　　]、女王バチは、たった一びきです。②[　　　　　]、みつを集めるのは、働きバチにかぎられています。

［ しかし・また・すると ］

❷ 次の文章中の□に合うことばを、後の□から選んで書きましょう。
(15点)

ユキウサギの毛の色の変化を見てみましょう。春から夏にかけて、うす茶色の毛が生えるようになります。これを夏毛といいます。秋から冬にかけて、うす茶色の毛がぬけ、新しく白い毛が生えてきます。[　　　　　]、冬には、真っ白な毛に変わります。これを冬毛といいます。

［ そして・それに・しかし ］

4

次の文章中の□に合うことばを、後の□□から選んで書きましょう。

(1つ15)

また ・ する ・ とき ・ しかし ・ だから

見えるからは、見分けがつかないので、水面の上にいる魚に、空からのてきが見えたとき、水面の上にとびあがる魚にも、[①]、水面にうつるかげを区別できないために、水の中にいる魚は、[②]、黒にすものは白に見えるので、[③]、下から見ると、上にあるものは下から見えるので、黒に見えることがある。

48

3

次の文章中の□に合うことばを、後の□□から選んで書きましょう。

(1つ10)

で ・ は ・ それとも ・ して

水のえきは、地球の温度を[①]、調節します。

例えば海は、地球の熱をたくわえます。昼間は太陽に照らされて大気をあたため、海が熱をたくわえして、[②]、その中にたくわえた太陽の熱をはき出すので、夜になると、取りなどに取りもどるでしょう。

こそあどことば①

1 次の□のことばは、何をさしていますか。□に一つ一文字が入ります。

(一つ10点)

(1) 帰り道で、さいふを拾った。[これ]は、だれが落としたんだろう。

さ	い	ふ

「これ」「それ」「あれ」のようなことばを、「こそあどことば」といいます。

(2) 勉強部屋のすみにかごが置いてあります。[そこ]にハムスターがいます。

(3) 向こうに白い建物が見えます。[あれ]が、わたしの家です。

白い | | |
|---|---|

こそあどことばの内ようを□の部分にあてはめて、文の意味が通るかどうかをたしかめよう。

(4) 家に帰って、台所のテーブルの上を見ると、[そこ]に、母のメモ書きが置いてあった。

台所の | | | | の上
|---|---|---|---|

③ 次の文章を読んで、後の問題に答えましょう。　（1つ20点）

　ユキウサギは、春から夏にかけて、①これが毛の色を変化させます。つまり、茶色の毛が生えてきて、②これを冬には、ぬけて、そして茶色の毛をとして、冬には、真っ白な、新しく白い毛が生えるでしょう。秋から冬にかけて、毛に変わります。

(1) ①の「これ」は、何をさしていますか。

の毛

(2) ②の「これ」は、何をさしていますか。

な毛

50

② 次の文章を読んで、後の問題に答えましょう。　（20点）

　地球の地下の深い所には、どろどろにとけている岩石があります。①これをマグマといいます。

(1) ①の「これ」は、何をさしていますか。

どろどろにとけている

月 日 名前

始め 時 分　終わり 時 分　かかった時間 分

点

とく点

© くもん出版

1 次の □ のことばは、何をさしていますか。 （一つ15点）

(1) クモの上あごには、下向きのきばがあります。 [これ] で、えものをさします。

下向きの □□

(2) 森林は、人間や動物を守るはたらきをしています。 [これ] には、大きなものが三つあります。

人間や動物を守る □□□□

(3) パンは、今から約六千年前、メソポタミア地方で作られたといわれています。 [ここ] は、昔からパンの原料となる小麦の産地でした。

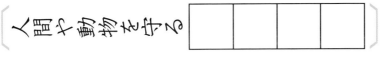

□□□□□□ 地方

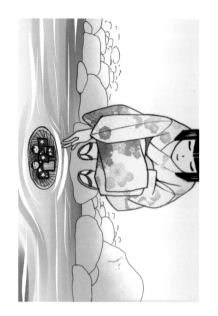

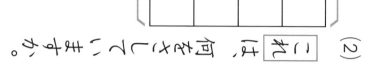

③ 次の文章を読んで、後の問題に答えましょう。 (1つ20点)

わらや紙で人形を作って、それを「ひな人形」とよびます。「これ」は、ひな祭りの行事で、人々を人形にうつして、水に流すものです。そのあと人形は川に流します。ある地方では「流す」という、人々の体についた病気やわざわいを人形にうつして…

※わざわい…悪いこと。こまること。

(1) 「それ」は、何をさしていますか。

		人	形	の		

(2) 「これ」は、何をさしていますか。

52

② 次の文章を読んで、後の問題に答えましょう。 (1つ15点)

木のみきを輪切（わぎ）りにすると、丸いもようができます。これを年輪（ねんりん）といいます。…

(1) 「これ」は、何をさしていますか。

					丸	い

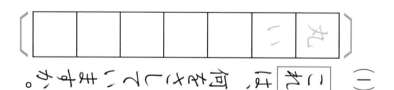

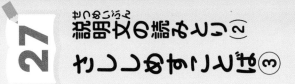

1 次の □ のことばは、何をさしていますか。 (一つ 15点)

(1)
地球の地下の深い所には、どろどろにとけている岩石があります。□これ□をマグマといいます。

| ど | ろ | ど | ろ | に | | | | | |

(2)
みなさんは、オリンピックの五つの輪のマークを知っていますか。□これ□は、アジア・ヨーロッパ・アメリカ・アフリカ・オーストラリアの五つの大陸の結合を表しています。

| オ | リ | ン | ピ | ッ | ク | の | | | |
| | | | | | | | | | |

(3)
アシナガバチの巣づくりの様子を観察した。四月、母バチがよう虫を育てるための部屋をつくり始め、□それ□を少しずつふやしていく。

| よ | う | 虫 | を | | | | | | |

くもん出版

た。
このとき、「それ」や「その」などがさししめす文や言葉は、「それ」や「その」（など）よりも前にあることが多いのじゃ。

---

❸ 次の文章を読んで、後の問題に答えましょう。 （1つ20点）

化石とは、大昔の生物が、今、石となってのこっているものです。ゆうめいなのは恐竜の化石ですが、[それ]は死体だけが化石となるわけではありません。例えば、発見された足あとが、[その]ままのこるようなこともあります。
このように、生物は死んで石となり、何億年もの間に積もり重なり、それが海の底などで……

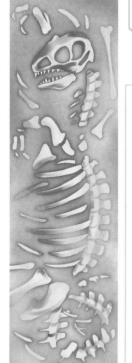

(1) [それ]は、何をさしていますか。

(2) [その]上とは、何の上ですか。

		の上

---

❷ 次の文章を読んで、後の問題に答えましょう。 （15点）

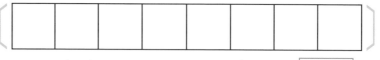

パンの原料になる小麦。[二]は、小麦の産地として今から約六千年前、メソポタミア地方で作られていました。[二]は、昔からアジア地方で……パンの……で

(1) [二]は、何をさしていますか。

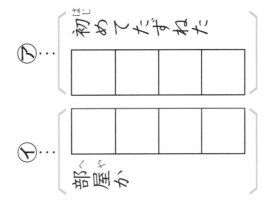

❶ 次の文章を読んで、下の問題に答えましょう。

次に、部屋の使い方という点から、良さを考えてみましょう。初めに、家や部屋が洋風か和風か、部屋を見ただけで、だいたい見当が付きます。⑦それは、そこに置いてある家具です。その部屋を使う目的に合わせて置かれるからです。例えば、食事をする、勉強をする、ねられるといった目的に合わせて、それぞれの部屋をよく使う家具が置かれます。①それは和室であっても洋室であっても当てはまります。

洋室は、その部屋で何をするかがはっきりしていて、そのために使われているのです。

---

(1) この文章は、どのような点から、洋室と和室の良さをくらべていますか。(10点)

（　　　　　　　　　　　　　　）という点。

(2) ⑦と①の それ は、何をさしていますか。それぞれ書きましょう。(一つ15点)

⑦…はじめ だ す ね た
　　□　□　□　□

①…部屋や
　　□　□　□　□

(3) ⑨ に合うことばを一つ選んで、○をつけましょう。(10点)

⑦（　）つけ加えて

①（　）これと同様に

⑨（　）これに対して

「それ」、「この」、「あの」などの、前の部分を指ししめすはたらきがあることばを「こそあどことば」といいます。こそあどことばが指す内容は、前の文や後ろの文、その言

（『和室と洋室』東京書籍 新しい国語四下 14〜15ページによる）
（令和2年度版）

し方の良さがわたしたちの生活に取り入れられているのですが、その両方のよいところをそれぞれ見ていきましょう。

たとえば、部屋で食事をするとき、料理をして出すことがありますが、部屋で食事をするときには、エ 和室が必要に

なることがあります。部屋で食事をする場合に、洋室を使っている部屋を食事をする目的に合わせて、ウ 和室は

使う部屋を食事をする目的に合わせて、和室は

（使い方の目的に合わせて、部屋のつくりを良さに合わせて使えるところ）

イ 一つの部屋を目的に良さとして使う。
ア 一つの部屋を目的に合わせて使えるところ

洋室…□
和室…□

（１）（10点）

（6）一つの部屋の □□ 。
和室と洋室では、どちらが良さに合っているか。それぞれ記号で書きましょう。
（15点）

（5）ウ は、何をさしていますか。
（15点）

ア（　しかし　）イ（　しかも　）ウ（　また　）

（4）エ に入ることばを次から選んで、○をつけましょう。
（15点）

56

月 日 名 前

始め 時 分 終わり 時 分 かかった時間 分

とく点 点

❶ 次の□の文を読んで、後の問題に答えましょう。　(10点)

> こうじはキャンプに行って、楽しくなった。

(1) こうじは、どんな気持ちになりましたか。

〔(こうじは、)（　　　　　　　）なりました。〕

❷ 次の□の文を読んで、後の問題に答えましょう。　(15点)

> かっていたうさぎが死んで、かほは悲しくなった。

(1) かほは、どんな気持ちになりましたか。

〔(かほは、)（　　　　　　　）なりました。〕

❸ 次の□の文を読んで、後の問題に答えましょう。　(15点)

> ゆうとはうれしくて、大声を上げました。

(1) ゆうとは、どんな気持ちで大声を上げましたか。

〔（　　　　　　　）気持ちで大声を上げました。〕

❹ 次の□の文を読んで、後の問題に答えましょう。　(15点)

> ももかはよろこして、なみだをこぼしました。

(1) ももかは、どんな気持ちでなみだをこぼしましたか。

〔（　　　　　　　）気持ちでなみだをこぼしました。〕

57

©くもん出版

人物の気持ちを表す言葉がつかわれているとき、その気持ちをみつけます。「楽しい」「悲しい」などの気持ちを表す

---

⑦ 次の文章を読んで、後の問題に答えましょう。 (15点)

はれたひるは、ひっとしていても、せきを立った。先生に、とつぜん、ひっとして気もちをしずめたところで立った。先生に、突然

(1) はれたひるは、どんな気持ちでしたか。

（　　　　　　）気持ちでした。

---

⑥ 次の文章を読んで、後の問題に答えましょう。 (15点)

ジュートの勝利が決まった。初めてのしあいで勝った。うれしくて、うれしくて、とびはねて、笛が鳴った。とび上がった。

(1) これは、どんな気持ちでしたか。

（　　　　　　）気持ちになりました。

---

⑤ 次の文を読んで、後の問題に答えましょう。 (15点)

みきは、このピアノを、何度も、何度も練習してきましたが、なかなかうまくひけませんでした。

(1) みきは、どんな気持ち

（　　　　　　）気持ちになりましたが、何度も

30

物語の読みとり③

人物の気持ち②

月　日

名　前

点

始め　時　分

終わり　時　分

かかった時間　分

とく点

① 次の□の文を読んで、後の問題に答えましょう。
(10点)

いつきはキャンプに行って、わくわくしていた。

(1) いつきのどんな様子から、楽しい気持ちがわかりますか。

わくわく（　　　　　　　　　　）様子から。

② 次の□の文を読んで、後の問題に答えましょう。
(15点)

かっていたうさぎが死んで、かほはなみだをこぼした。

(1) かほのどんな様子から、悲しい気持ちがわかりますか。

なみだを（　　　　　　　　　　）様子から。

③ 次の文章を読んで、後の問題に答えましょう。
(15点)

ガシャン。あきとは、手をすべらせて、ゆうまのゲーム機を落としてしまった。ゆうまは、あきとを大声でどなりつけた。

(1) ゆうまのどんな様子から、おこった気持ちがわかりますか。

大声で（　　　　　　　　　　）様子から。

© くもん出版

を想ぞうして気もちを考えてみると、「どんな様子か。」と、人物の様子から気もちがわかる、というように、①～③のように

② 「みの目に、なみだが（　　　　　　　）。」

① 「おは、ワワア（　　　　　　　　　）。」

（1つ15点）

（1）みさよがどんなことをしているようすについて、ことばを書きましょう。

⑤ 次の文章を読んで、後の問題に答えましょう。

ワンワンと見ると、子犬が大きなけがをしていた。みさよは小さな体をだきしめた。おもわず目になみだがうかんだ。ワンワンと泣き止まないので、子犬の目をなでてやった。みさよは、子犬のかわいそうなすがたを見て、いっしょうけんめいにかんびょうをした。

60

② 「（　　　　　　　　　）をとんだ。」

① 「（　　　　　　　　　）をふるえながら、」

（1つ15点）

（1）ひとみがどんなことをしているようすについて、ことばを書きましょう。

④ 次の文章を読んで、後の問題に答えましょう。

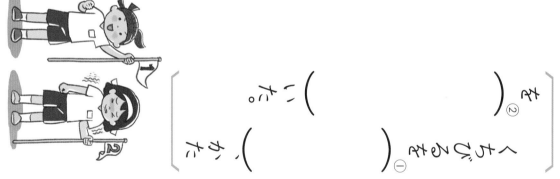

ゴールの手前で、おくれていたひとみがいっしょうけんめいにかけて、一位になりました。おうえんしていたともだちは、とびあがってよろこびました。

1 次の文章を読んで、後の問題に答えましょう。 (20点)

　「うわあ。かわいい。」
　生まれたばかりのひめだかの赤ちゃんを見て、ゆうたは、大きな声を上げた。去年の夏からひめだかをかい始め、ゆうだ一人で世話をしてきた。

(1) ゆうたがよろこんでいるのは、どうしてですか。

〔（　　　　　　　　　　　　）が生まれたからです。〕

2 次の文章を読んで、後の問題に答えましょう。

　仲良しだった大ちゃんが転校してしまった。大ちゃんがお別れにくれたキーホルダーを見るたびに、ぼくは、なんだかなみだがほれそうになる。

(1) 「ぼく」が、なみだがほれそうになるのは、どうしてですか。
(1つ20点)

① （　　　　　　　　　　　　）してしまった仲良しの
② （　　　　　　　　　　　　）のことを思い出すからです。

④

次の文章を読んで、後の問題に答えましょう。

> ぼくは、バッターが打ったボールが、スウィングしてもいなかった。そのゆえんに音とともに思わなかったところに、小さな池へと飛んでいき、目を丸くして見ていた。ボールが三球目のチャンスに飛んできたときの。

(1)「ぼくは、目を丸くして見た」とありますが、「目を丸くして見た」のはなぜですか。（　）に合うものを、後の[　]の中からえらんで書きましょう。

> 思いがけない ・ へんな ・ 思ったとおり

（　　　　　　　　）ことが、小さな池に打ったボールが入ったからです。

（20点）

62

---

③

次の文章を読んで、後の問題に答えましょう。

> あゆみは、つり橋が五、六歩足を進めると、下を見ると、足がすくむので、つり橋がゆれるたびに、あゆみは、つり橋が高くて、足がすくむので、つり橋が風で動くたびに、あゆみは、足がすくむので、あゆみは「キャー。」としゃがみこんでしまった。あゆみは、つり橋が高くて動けなかった。

(1)「あゆみは、動けなかった。」とありますが、あゆみが「動けなかった」のはなぜですか。（　）に合うものを、後の[　]の中からえらんで書きましょう。

> 楽しい ・ こわい ・ おもしろい

（　　　　　　　　）から。

（20点）

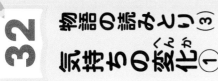

とく点

1 次の文章を読んで、後の問題に答えましょう。 (一つ25点)

　雨がしとしとふっています。
「せっかくのサイクリングだったのに……。」
　みずほは、うらめしそうに、まどの外を見ました。
　すると、遠くの方から、かさをさしながら走ってくる四人のすがたが見えました。
「ひょっとして……。」
　と思って、みずほがまどを開けると、えりなたちが手をふっています。みずほも、それを見て、大きく手をふりました。

63

(1) 〜〜のことばを言ったとき、みずほは、どんな気持ちでしたか。( ) に合うことばを、後の から選んで書きましょう。

サイクリングに行けなくて (　　　　　　　　)。

よかった ・ 心配だ ・ 残念だ

(2) 手をふったみずほは、どんな気持ちでしたか。( ) に合うことばを、後の から選んで書きましょう。

みんなといっしょならきっと (　　　　　　　)。

くやしい ・ つまらない ・ 楽しい

次の文章を読んで、後の問題に答えましょう。 ②

（1つ25点）

「くらくて、どこだか――。」
暗いので、二人は木の上から声を上げて、あたりのようすを見合わせているうちに、あたりはどんどん暗くなっていく。あにとおとうとは、あにのあとをおいかけて、あにちゃんはあおい顔をして止まった。

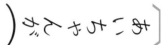

(1) 「_____。」と言ったときのあには、どんな気持ちでしたか。（ ）に合うことばを、後の[　　]から選んで書きましょう。

［あにちゃんを（　　　　　　　）。］

助ける ・ 助けられる ・ にげる ・ にげよう

(2) 二人が青い顔をして止まったときのあには、どんな気持ちでしたか。（ ）に合うことばを、後の[　　]から選んで書きましょう。

［あにちゃんが（　　　　　　　）。］

配した ・ 無事で安心した

❶ 次の文章を読んで、後の問題に答えましょう。

　りょうは、①きもちがいい。まだ、一　時間ほどさがしているけれど、りょうはまだ一つも見つけることができませんでした。また、一つも見つけることができませんでした。りょうは、歩きだしたとき、足のうらにかたい具があたりました。足元に手をつっこむと、りょうは、その辺りを②一生けんめいさがしました。それから、りょうは、その辺りをめいさがしました。

　「③お母さん、ほら、こんなに。」
　りょうが、たくさんの具を持ってかけよりました。
　お母さんは、それを見ると、にっこりと笑って、りょうのひたいのあせをふいてくれました。

65

(1) ——①・②のとき、りょうは、どんな気持ちでしたか。後の　　　から選んで書きましょう。
（一つ15点）

①…（　　　　　　　　　　　　　）。

②…（　　　　　　　　　　　　　）。

┌─────────────────────────┐
│ たくさん見つけるぞ　・　どこにいるのかなあ │
└─────────────────────────┘

(2) ——③と言ったとき、りょうは、どんな気持ちでしたか。（　）に合うことばを、後の　　　から選んで書きましょう。
（20点）

　たくさんとったことを（　　　　　　　　　）。

┌─────────────────────────┐
│ かくしたい　・　わすれたい　・　じまんしたい │
└─────────────────────────┘

朝礼で、少し前から読んでいたプールで泳ぐ……。真夏の日ざしが照っていて、今日の体育はプールで泳げることになっていた。

そのとき、ぽつぽつと雨が降ってきたので、今日の体育はできなくなった。それで、みんなは、ア<u>どの外を見た</u>。

みんなは、「……。」と言って、大きくため息をついて、イどの外を見た。みんなは、どんどん歩いていく様子を見て、

「……。」とウ<u>どの外を見た</u>。

先生が言うことを聞いて、みんなは、そう言われて、みんなは「……。」と声を上げた。

---

(1) みんなは、どんな気持ちで「配」をしたのですか。

ア〜ウから一つ選んで○をつけましょう。

（　　　）の配。　　　　〔15点〕

(2) みんなは、どんな気持ちで「配」をしていたのですか。

□にあてはまることばを、後の□から選んで書きましょう。

（　　　　　　　　　　　）でしょう。　　　　〔15点〕

┌─────────────────────┐
│　泳げるかもしれない　・　泳げないかもしれない　│
└─────────────────────┘

(3) みんなが「……。」と言っている様子について、（　　）に合う

ことばを書きましょう。　　　　〔20点〕

ア〜ウ　（　　　　　　　　　　　　　　　）

みんなは、（　　　　　　　　）。

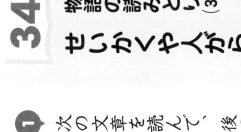

❶ 次の文章を読んで、後の問題に答えましょう。

バスの中が、とてもこんできた。あまりにもこんでいて、だれかに席をゆずろうと思ったっていないから、だれかに席を立ってきっかけがつかめないと、<u>周りを気にしながらすわっていた</u>。そんなとき、バスがゆれて、前のバスにに乗ってきたおばあさんが転びそうになった。ぼくは、思わず、声が出た。

「あっ、あぶない。おばあさん、ここにすわりませんか。」

周りの人もびっくりしていたけれど、おばあさんは、ぼくの顔を見ると、にこにこしてぼくの方へやってきた。

67

(1) 「ぼく」が、「<u>周りを気にしながらすわっていた</u>」のはどうしてですか。（1つ10点）

① （　　　　　　　　　）に席を② （　　　　　　　　　）と思っていたのに、なかなか③ （　　　　　　　　　）を立ってきっかけがつかめなかったからです。

(2) 「ぼく」は、どんな子どもですか。（　）に合っていることばを、後の　　　から選んで書きましょう。（15点）

人や周りのことを（　　　　　　　　　）子ども。

考えないわがままな ・ 思いやりのあるやさしい

次の文章を読んで、後の問題に答えましょう。②

すると、みつひろくんが、「（ア——）。」と、ひとりごとのように言いました。

「……。」とさけびましたが、こうたくんには聞こえないようです。

こうたくんは、あおざめた顔をして、木のえだをいっしょうけんめいゆすぶっています。あたりはもう暗いので、あせった顔を見合わせると、あたりはだんだん暗くなってきました。

ふいに、「ビューン——！」カたがすうっと木のえだからすべって、下へ飛び去りました。

「……。」

（1）「ビューン——！」とさけんだのは、だれですか。（10点）

（2）が、外に出られなくなっているので、

①（　　　　　　　　　　）ので、

②（　　　　　　　　　　）ている。

①・②に合うことばはどれですか。あとからえらんで書きましょう。（15点）

〔あおざめた顔を思った。〕

木とじなを思いうかべながら、後ろ

（3）助けたい ・ いたい ・ おどろいた ・ 笑わせた

横に——をするみんなの気持ちの強さがわかる部分をさがして、文の右に——を引きましょう。（20点）

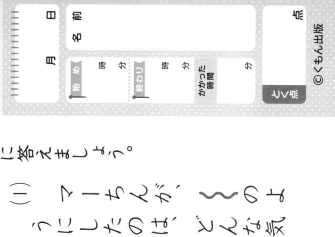

1 次の文章を読んで、下の問題に答えましょう。

　そんなある日、ベンチにすわって思い思いのことをしていたマーちんたちは、ふと、その切りかぶが<u>プラタナスの木の切りかぶの上に立ってみた。今でも地下に広がっている根のことを想像していたら、そうした気持ちになったのだ。</u>それを見ていた花島君が不思議そうに、

「おいっ。なんだか根にささえられているみたいだよ。」

と言うと、花島君だけでなく、クニスケもアラ子も切りかぶに乗ってきた。せいの高い花島君を真ん中にして、両手を広げてプラタナスの切りかぶ

(1) マーちんが ～～～ のような気持ちになったのは、どんなことがきっかけで、それが書かれた一文を見つけて、初めの五字をぬき出しましょう。(10点)

☐☐☐☐☐

(2) マーちんは、(1)のように、どのように感じましたか。(15点)

（　　　　　）みたいに感じた。

(3) マーちんは、何が「木のみきや枝」みたいだと思ったのですか。(一つ15点)

① みき… ☐☐☐ の体

② 枝… みんなが広げた ☐☐

けど、マーちんたちは自分たちの行動や気持ちに注目して公園を守ろうと考えたんだね。プラタナスはマーちんたちにとって大切だと思う木だったんだね。

（令和2年度版）
『プラタナスの木』椎名誠
光村図書 国語 四下
はばたき
72〜73ページ

空を見上げた。

大きな木に手をつくように、マーちんは代わりにみきやえだやねっこになって、青いそらに立っているのはどうだろう。

プラタナスが葉っぱをしげらせるころになれば、きっと、おじいさんも元気になって、また公園に帰ってくるにちがいない。

マーちんは、ぼくたちの木の葉っぱになって立っているのはどうだろう。えだやみきやねっこになって、みきのみきになって立っているのはどうだろう。

（以下、省略）

ウ（　）ナ自分たちと会えなくなるざんねんな気持ちをこらえて、公園を守ろうという気持ち。

イ（　）気持ちはナ春に生えてくるプラタナスにまた会えるという気持ちと、不安でプラタナスを守りたいという気持ち。

ア（　）ナ春に会える。（15点）

（5）マーちんたちは、「青い空」を見上げて、どんな気持ちを持ちましたか。一つに○を付けましょう。

（4）マーちんたちは、「青い空」を見上げて、何がすると考えましたか。「マーちんたちは、」と「春に」ということばを使って考えて書きましょう。（15点）

次の①②に合う言葉を、それぞれ「マーちんたちは、」「春に」につづけて書きましょう。（15点一つ）

① 春になれば、
（　　　　　　）が、すがたをかえて。

② 芽を出す。
（　　　　　　）も、芽を出す。

くもん出版

① 次の文章を読んで、後の問題に答えましょう。

①木のみきを輪切りにすると、丸いしまもようがあります。これを年輪といいます。

②木のみきは、春から夏にかけてよく太り、この部分はうすい色になります。また、秋から冬にかけてあまり生長しないので、この部分はこい色になります。この色の差によって、一年ごとに輪ができるのです。

③つまり、切りかぶの年輪を調べれば、その木の年れいがわかります。

(1)「年輪」とは、なんですか。（　）に合うことばを、①のだん落からさがして書きましょう。
（１つ5点）

木のみきを㋐（　　　　　　　）にしたとき
の、丸い㋑（　　　　　　　）です。

(2) なぜ「輪ができる」のですか。（　）に合うことばを、②のだん落からさがして書きましょう。
（１つ10点）

木のみきの、よく太った部分は㋐（　　　　　　　）になり、あまり生長しなかった部分は
㋑（　　　　　　　）になって、色の㋒（　　　　　　　）ができるから。

71

2 次の文章を読んで、後の問題に答えましょう。

水の例では、①海は、地球の温度を調節してくれます。昼間は温度が上がらないようにして太陽の熱をたくわえ、夜は温度が下がらないようにして、その熱をとり出します。②海は、地球の温度を調節してくれるので、生物はこの地球で生きていけるのです。

（1）海のしょうかいでは、海の②のしょうかいがはいります。（　）に合うことばを、①のたん落から書きましょう。（1つ10点）

昼間は（⑦　　　　　）をたくわえ、
夜は、その（④　　　　　）をとり出す。

（2）①のたん落に書いてあることがらを、②のたん落ではくわしく説明しています。（　）に合うことばを書きましょう。（1つ5点）

⑦地球の（　　　　　）を
①（　　　　　）してくれている。

（3）「こうして、昼と夜の温度差が地球に熱をたくわえたり……」とありますが、
地球に海がないと、生物は生きていけないのは、（　　　　　）が（　　　　　）から。（10点）

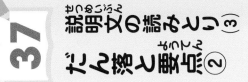

1 次の文章を読んで、後の問題に答えましょう。

①地球の地下の深い所には、どろどろにとけている岩石があります。これをマグマといいます。

②このマグマが地上にふき出してきた山が火山です。

③日本には、このような山がたくさんあり、今もさかんに火山でものがさん火山が七十以上もあります。また、火山の近くには温せんも多く、観光の名所となっています。

(1) 「マグマ」とは、なんですか。 (一つ10点)

　地球の地下の深い所にある⑦（　　　　　　　　）に
とけている⑦（　　　　　　　　）です。

(2) 「火山」とは、どのようにしてきた山ですか。 (一つ10点)

　⑦（　　　　　　　　）が地上に⑦（　　　　　　　　）
できた山。

(3) ③のだん落の要点は、なんですか。 (一つ10点)

　日本には、火山がたくさんあり、
その近くには⑦（　　　　　　　　）も多く、
⑦（　　　　　　　　）の名所となっていることです。

73

２ 次の文章を読んで、後の問題に答えましょう。

①化石とは、何億年も昔の生物が、今、化石となって発見されたり、陸が持ち上がったりして、地面があらわれて発見されたりします。それがどういうわけか、その水が引いていって、③化石となって発見されるには、何にしても陸にあらわれていなくてはならないのです。その死体だけが海の底に積もっていって、長い年月の間にやがて石のようになったものです。それが化石です。

②例えるのだとしても、今、化石となって発見されるには、陸が持ち上がって、その化石は陸で発見されたりします。

(1) ①・②・③ の化石とは、何にしてできますか。何にして書かれていますか。

(2)

⑦（　　　　　　　　）が海の底に発見されるから、陸で。

（一つ10点）

⑦（　　　　　　　　）ということが、（　　　　　　）の化石となり、

④（　　　　　　　　）ということで（化石）が引いていって、その陸にあらわれて。

（一つ10点）

⑦（　　　　　　　　）ということよりも、

④（　　　　　　　　）の化石となり、ということにいて。

1　次の文章を読んで、後の問題に答えましょう。

①オオバコが、いつも人にふまれる道ばたにしか生えないというのは、本当でしょうか。

②人に少しもふまれていない所には、少せの高い草が生えていて、オオバコは、ほとんど見られません。

③また、人の出入りがない空き地では、フタクサなどのせの高い草が生えていて、オオバコは全く見られません。

④では、三か月前までオオバコが生えていて、通行止めになった所は、どうでしょうか。やはりフタクサなどがしげっていて、オオバコはかれていました。

⑤つまり、人が通らない所では、ほかの草が多く育つので、オオバコは育たないのです。

(1) オオバコが少しは見られたのは、どんな所ですか。(10点)

人に（　　　　　　　　　　　　　　　）所。

(2) ②〜④のだん落から、どんなことがわかりましたか。（　）に合うことばを、⑤のだん落からさがして書きましょう。
(一つ10点)

⑦（　　　　　　　　　　）所では、⑥（　　　　　　　）が多く育つので、⑦（　　　　　　　　　　）こと。

次の文章を読んで、後の問題に答えましょう。

2

①ペンギンのおなかが白いのは、えさのさかなから身を守るためです。水の中のさかなから見上げると、水面からくる日の光とペンギンのおなかの白い色がとけこんで、見えにくくなるのです。

②また、ペンギンのせなかが黒いのは、てきから身を守るためです。空からさがすてきから見下ろすと、水面の下の黒っぽい色とペンギンのせなかの黒い色が区別がつきにくくなるので、見えにくいのです。

③このように、ペンギンは、えさのさかなからも、てきからも見つかりにくくするために、おなかは白く、せなかは黒くなっているのです。

（１）②・③のだんらくは、何について書いてあるのでしょう。だんらくのはじめのことばを使って書きましょう。（1つ15点）

②（　　　　　）ペンギンのせなかが黒いのは、てきから身を守るためだということ。

③（　　　　　）ペンギンのおなかもせなかも、身を守るためだということ。

（２）①のだんらくで、ペンギンのおなかが白いのは、どんなさかなから見つかりにくくするためだと書いてありますか。（1つ10点）

⑦（　　　　　）を見ると、
⑦（　　　　　）とがとけこんで、
と（　　　　　）と（　　　　　）の区別がつきにくいからです。

76

月　日　名前　　　　　　点

始め　時　分　終わり　時　分　かかった時間　分

とく点

© くもん出版

1 次の文章を読んで、後の問題に答えましょう。

　①森林は、人間や動物を守るはたらきをしています。このはたらきには、大きなものが三つあります。

　②第一に、大雨がふっても、木の根元に雨水をたくわえ、にごり水をふせいでいます。

　③第二に、動物たちにえさやすみかをあたえています。

　④第三に、森林がさんそをつくりだし、空気をきれいにしています。

(1) 次のことがらは、①〜④のどのだん落に書かれていますか。
(一つ10点)

⑦ 動物たちにえさやすみかをあたえている。……□のだん落

⑦ 森林がさんそをつくりだし、空気をきれいにしている。……□のだん落

⑨ 大雨がふっても、木の根元に雨水をたくわえ、にごり水をふせいでいる。……□のだん落

(2) ①〜④のだん落は、どんな関係ですか。合うほうに、○をつけましょう。
(15点)

⑦ (　　)①の話題を②③④で説明している。

⑦ (　　)①②の問いかけに③④で答えている。

77

2

次の文章を読んで、後の問題に答えましょう。

①木のみきを輪切りにすると、②まるいもようが見えることがあります。③この色の差によってできるもようを年輪といいます。

年輪を調べると、その木の年れいがわかります。

この「色の差」がどうしてできるのかというと、春から夏にかけて生長した部分は色がうすく、秋から冬にかけて生長した部分は色がこくなるからです。

このうすい色とこい色が一年ごとにくり返されて、年輪となるのです。

(1) ③「色の差」とありますが、年輪は、「色の差」によってできるわけですが、①〜③のどの部分に書かれていますか。□ (10点)

(2) ③「色の差」とありますが、なぜ「色の差」ができるのですか。

①春から夏にかけて生長した部分は
（　　　　　）色になり、

②秋から冬にかけて生長した部分は
（　　　　　）色になるから。(10点 1つ)

(3) ⑦「これ」は、「①〜③」のどのことをまとめていますか。□ (10点)

(4) なぜ、年輪を調べると、その木の年れいがわかるのですか。

年輪は、

（　　　　　　　　　　　　）

からです。(15点)

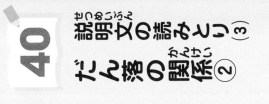

① 次の文章を読んで、後の問題に答えましょう。

①海は、地球の温度を調節してくれています。

②例えば、昼間は、照りつける太陽の熱を取り、水の中にたくわえます。そして夜になると、そのたくわえた熱を出して、大気をあたためます。

③では、地球に海がなかったら、どうでしょう。昼と夜の温度差がはげしくて、生物は生きていけないでしょう。

(1) 海が「地球の温度を調節してくれて」いる例は、①～③のどのだん落に書かれていますか。(10点)

　□ のだん落

(2) 海のはたらきについて、( )に合うことばを、②のだん落からさがして書きましょう。(15点)

　　太陽の（　　　　　　　）をたくわえたり出したりして、地球の温度を調節している。

(3) ②と③のだん落は、どんな関係ですか。合うほうに、○をつけましょう。(15点)

ア（　　）②の内ようを③でまとめている。

イ（　　）②とちがう内ようを③で説明している。

「まだ」「でも」「つまり」などに注目しよう！

②
（1）それぞれのだん落を、⑦・⑦・⑰のどのだん落の内ようにあてはまるかを考えて、（　）に番号を書きましょう。

⑦ 問い（もんだい）………………（　）

⑦ 観察（かんさつ）……………（　）

⑰ 答え（かいとう）…（　）

（一）①〜⑤のだん落を、次の⑦〜⑰のどこにあてはまるかを考えて、（　）に番号を書きましょう。（15点 一つ15）

⑦（　）—①—②③④⑤

⑦（　）—①—②—③④⑤
　　　　　　　　　　まとめ

⑦（　）—①—②③—④⑤
　　　　　　　まとめ　　まとめ

（2）①〜⑤のだん落は、⑦〜⑰の関係に合うものを一つ選んで、○でかこんで。（15点）

2 次の文章を読んで、後の問題に答えましょう。

① なオオバコという草が生えているのに気づく人は、あまりいないでしょう。② なぜなら、オオバコは人にふまれるような所に生えているからです。オオバコは道ばたやグラウンドなど、人にふまれるような所に多く見られます。③ ふつうの草は人にふまれると育たないのに、オオバコはなぜ、人にふまれる所に生えているのでしょうか。草が人にふまれて育つというのは、本当でしょうか。オオバコにとっては、本当にふまれて育つのです。オオバコは、人が通って土が固められた所でも、空き地や道ばたなど、ふまれる所に生えています。オオバコは、ふつうの草が生えないような所でも生えることができるのです。④ そのわけは、オオバコのからだのつくりにあります。オオバコの葉はやわらかく、ふまれても切れたりしません。⑤ また、くきもふまれても折れたりしません。

くもん出版

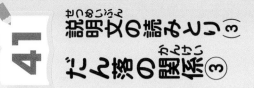

1 次の文章を読んで、後の問題に答えましょう。

　①ペンギンは、どのようにして、えものをとり、てきから身を守っているのだろうか。

　②ペンギンがえものをとるために、水の中に入った。すると、ペンギンは白いはらを下にして、速いスピードで泳いでえものをつかまえた。泳いでいるペンギンを下から見ると、はらが白いので、水面と区別がつかない。だから、えものとなる魚からは見つかりにくい。

　③また、水面の上に見えかくれするせなかは黒いので、空からのてきにも見つかりにくいといえる。

(1)　次のことがらは、①〜③のどのだん落に書かれていますか。（一つ10点）

　㋐　ペンギンのえもののとり方‥‥‥□のだん落

　㋑　ペンギンの身の守り方‥‥‥‥‥□のだん落

(2)　ペンギンがえものをつかまえやすいのは、どうしてですか。（一つ10点）

　㋐（　　　　　　　　）となる魚からは

　㋑（　　　　　　　　）からです。

81

2 次の文章を読んで、後の問題に答えましょう。

①四月、ナナカマドが、母ジバチの巣すから後の問題に答えましょう。

①四月、ナナカマドが、母ジバチの巣すから生まれたよう虫を育てる様子を観察しました。

②アジサイの葉うの部屋を、六月の半ばに巣すに出しているときは、よう虫を大人のチンパンジーのように冷やすためにあおいでいるのだ。

③始め、四月、ナナカマドは、巣すの部屋を少しずつ育てる様子を観察しました。

④羽を広げて、雨上がりその巣すのとの部屋を、六月の半ばに巣すに出すときは、よう虫を冷やすためにあおいでいるのだ。

⑤これは、巣すを広げてはりの巣すの部屋に風を送ってよう虫を冷やすことだ。大人のチンパンジーになっているのである。

(1) 次のことがらは、アとイのどちらのことですか。合うほうの□に書きいれなさい。(一つ15点)

ア 巣すから部屋に風を送ってよう虫を冷やすことです。

イ 巣すの部屋に水をまきます。

□……のだん落

□……のだん落

(2) ⑦から⑦にあてはまる言葉を選んでしるしましょう。(一つ10点)

⑦〔 〕
①〔 〕

(3) ①〜⑤のだん落は、次の関係に合うものを一つ選んで○をつけましょう。(10点)

ウ（ ）①—②③④—⑤

イ（ ）①②—③—④⑤

ア（ ）①②③—④—⑤

観察してわかったことは、じゅんじょよく書かれているかな?

82

42 かくにんドリル（6）
「ヤドカリとイソギンチャク」

月　日　名前

時　分　はじめ
時　分　おわり
かかった時間　分

点

とく点

© くもん出版

❶ 次の文章を読んで、下の問題に答えましょう。

１ ヤドカリの仲間で、さんごしょうに多いソメンヤドカリは、貝がらにイソギンチャクを付けて歩き回っています。

（一部省略）

２ なぜ、ヤドカリはいくつものイソギンチャクを貝がらに付けているのでしょうか。

３ このことを調べるために、次のような実験をしました。

４ まず、おなかをすかせたイソギンチャクを付けていないタコのいる水そうに、ヤドカリを放します。タコはヤドカリが大好物なので、ヤドカリを長いあしでつかまえ、貝がらごとかみくだいて食べてしまいます。

５ 次に、イソギンチャクを付けているヤドカリを入れ

(1) 何を調べるための実験でしたか。（一つ10点）

　なぜ①（　　　　　）は②（　　　　　）を貝がらに付けているのかということ。

(2) 実験の内ようが書かれているのは、1～7のどのだん落ですか。二つ書きましょう。（一つ10点）

　□ と □ のだん落

(3) タコは、イソギンチャクを付けていないヤドカリをどうしましたか。（一つ10点）

　ヤドカリを①（　　　　　）、貝がらをかみくだいて②（　　　　　）しまいました。

（令和2年度版 東京書籍 新しい国語 二上 武田正倫「宿かり」38〜40ページ）

ナドカリと、イソギンチャク

ヤドカリは、イソギンチャクが大好物だというギンチャクは、イソギンチャクが大好物だというから、イソギンチャクを右に、
敵から身を守ってくれる。

⑦けれど、いっしょにいることで自分の身を守っているのです。
イソギンチャクは、ヤドカリのから近くの魚やエビなどにさわると、手にはえているたくさんのしょく手から毒を出します。その毒でしびれさせるのです。その毒が何かにふれると、イソギンチャクは、とびだすしくみになっている。

⑥ドンカリが近くにいると、イソギンチャクは、とびだす中すがたが見えてきます。イソギンチャクはいちど引っこんでしまうと、イソギンチャクのからのさきにあるヤドカリのからにのせているのを知っているのです。

話題を変えている。

ウ（　）⑥の内よう ⑦から

イ（　）⑦の内よう ⑥から

ア（　）⑦に ⑥の内よう 付け加えつ

（15点）

（6）⑥と ⑦の関係で○を一つ関けつだん落ですが ⑦だんらくは ⑤の答えしますか。②⑦の

□

（15点）

（5）②のだんらくは ①〜⑦の答えが②の大好物だけど、イ（　）ヤドカリ食べられないイソギンチャクを大好物だけど、イ（　）ヤドカリ食べられないイソギンチャクを大好物だけど、イソギンチャクを右に、

（10点）

ア（　）○をわかりますか。

（4）実けん ○をつけましょう。合うほうに、

月　日　名　前

始め　時　分　終わり　時　分　かかった時間　分

とく点　点

① 次の詩を読んで、下の問題に答えましょう。

とびばこ だんだん

とびばこ
とぶぞ
とんだ　①

だん だん だん
だん だん だん
だん だん だん
からだが からだが からだが
なる なる なる
とべるよ な とべるよ な とべるよ な　②

はしって
ふみきって
とんだ
あしもち
せいきだん
だめだん

とびばこ
だんだん
かいぶって
だん

（令和2年度版 教育出版 ひろがる言葉 小学国語 四下 76～77ページ
より「とびばこ だんだん」藤哲生）

(1) ①のまとまりから、どんな様子がわかりますか。一つ選んで、○をつけましょう。(15点)

ア（　）とびばこがとぐずに落ちこんでいる様子。

イ（　）とびばこをとくてよろこんでいる様子。

ウ（　）とびばこをとくてみせると意気ごんでいる様子。

(2) ②のまとまりの形には、どんな様子が表されていますか。(15点)

とびばこがだんだんと

様子。

(3) とびばこが「かいぶつ」に見えたのは、どうしてですか。考えて書きましょう。(20点)

85

① ②

みて、詩の形があらわれて、初めて地上へ出たかえるの気持ちを表しています。読んでみて、地上に出たかえるの気持ちを表しています。読んでみて、

（令和2年度版　光村図書　国語四上　かがやき　12〜13ページ）草野心平「春のうた」

2 次の詩を読んで、下の問題に答えましょう。

春のうた

かえるは冬のあいだは土の中にいて春になると地上に出てきます。そのはじめての日のうた。

ほっ　まぶしいな。
ほっ　うれしいな。

みずは　つるつる。
かぜは　そよそよ。

ケルルン　クック。
ああ　いいにおいだ。
ケルルン　クック。

ほっ　いぬのくびがうごいた。
ほっ　くもがながれる。

ケルルン　クック。
ケルルン　クック。

---

(1) かえるは、どんな気持ちを表していますか。ア〜ウから一つ選んで、○をつけましょう。（10点）

ア（　）かなしい
イ（　）おかしい
ウ（　）おどろき

(2) 「ほっ」は、何が（　）ますか。（10点）

ア（　）
イ（　）
ウ（　）

(3) 「つるつる」「そよそよ」は、何の様子を表していますか。（一つ10点）

①（　　　　　　　）の様子。
②（　　　　　　　）の様子。

(4) 「ケルルン　クック。」は、何を表していますか。（10点）

（　　　　　　　　　　　）

86

詩の読みとり⑵

「ふしぎ」
「ぼくは川」

❶ 次の詩を読んで、下の問題に答えましょう。

ふしぎ

わたしはふしぎでたまらない、
黒い雲からふる雨が、　　　　　　あ
銀にひかっていることが。

わたしはふしぎでたまらない、
青いくわの葉だべてる、　　　　　い
かいこが白くなることが。

わたしはふしぎでたまらない、
たれ(だれ)もいじらぬ夕顔が、
ひとりでぱらりと開くのが。

わたしはふしぎでたまらない、
たれ(だれ)にきいてもわらってて、
あたりまえだ、ということが。

(平成27年度版学校図書 みんなと学ぶ小学校国語四年上94〜95ページより「ふしぎ」金子みすゞ)

(1) 「わたし」がふしぎでたまらないのは、どんなことですか。あ・いからさがして書きましょう。（一つ5点）

あ ①（　　　　　）雲からふる雨が、②（　　　　　）にひかっていること。

い ①（　　　　　）くわの葉をたべているかいが、②（　　　　　）なること。

(2) 「わたし」は、どんなことがふしぎなのですか。（一つ15点）

自然の中で起こる一つ一つの変化が、「わたし」が①（　　　　　）でたまらないことを、ほかの人は②（　　　　　）と感じていること。

87

2　次の詩を読んで、下の問題に答えましょう。

〔令和2年度版 東京書籍 新編 新しい国語四上 阪田寛夫「ぼくは川」による〕

ぼくは川

阪田寛夫

　　ぼくは川

ぼくは川
真っ赤な夕日を浴びて
砂漠の中の
あなたの影げがひらめいた※
あたらしい日へ　ぼくは
あたらしい日へ　ぼくは
それでも
雲のように
光りながら
転げて飛び散る

ぼくは川

とねって　土をすくい※
言ってねっている※
砂を　はこび
背をのばし
ひわり　ひわり

ぼくは川

※ひわり……ひかり
※転げて飛び散る……おか、き
※……

(1) この詩の一・二・三連に書かれている、川の様子に合うものを、あとからえらんで、記号で書きましょう。（一つ10点）

ア（　　）　イ（　　）

ア　土を（　　　）から、砂をとかして、三の（　　）ほど合う様子。

イ　少しずつ、おだやかに砂をとかしながら、ゆっくりと成長していく様子におし進んでいる。

(2) この詩について、次の（　）に合うように書きましょう。（一つ20点）

① 人間の生き方を（　　　　　　）に例えて、

②（　　　　　　）にということがあり、例えがない。
（　　）に向かっている様子を表している。

❶ 次の文章を読んで、下の問題に答えましょう。

楽器たちは、それぞれ集まって練習を始めました。

「もっとやさしい音を！」

「トンは鳴ったぞ。」

「げんをもうちょっとしめて……うん、いい音だ。」

「ぼくは三の音をひく。君はフアの音を出してくれないか。」

毎日毎日練習が続けられました。そして、やっと音が出ると、

「できた。」

「できた。」

おどり上がってよろこびました。

ある夜のこと、月は楽器倉庫の上を通りかかりました。□、どこからか音楽が流れてきました。

「なんときれいな音。だれ

(1) 楽器たちは、それぞれ集まって何を始めましたか。（10点）

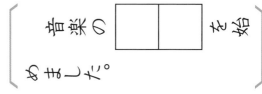

音楽の ☐☐ を始めました。

(2) やっと音が出たとき、楽器たちのどんな様子からよろこんだ気持ちがわかりますか。（10点）

（　　　　　　　　　）よろこんだ様子から。

(3) 「ある夜」、月はどこを通りかかりましたか。（10点）

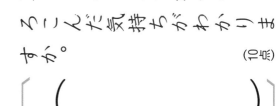

(4) ☐に合うことばを一つ選び、○をつけましょう。（10点）

ア（　）でも

イ（　）すると

ウ（　）だから

© くもん出版

（令和2年度版 東京書籍『新しい国語 四上』21〜23ページ）
『楽器たちの音楽会』
野呂昶

くもん出版

し、大空に出ました。月は、
「音楽がきこえるよ。」
ときき、あたりを見わたしても、音をきくことができないので、しばらく、音楽をきこうと、空高く上げていた光の糸をたどって、千の楽器がすんでいる楽器倉庫へ近づきました。

それは、月が、音のする方へ、楽器倉庫の近くに近づいてくると、千の楽器がすんでいる楽器倉庫の中は、楽器たちが夢中になって音楽をかなでていました。

われた楽器も、夢中になって音楽をかなでていました。月は、音のする方へ、楽器倉庫の近くに近づいてきた。

（5）月が、「音の方」「楽器の方」へ近づいたとき、千の楽器がすんでいる楽器倉庫の中は、どんな様子でしたか。（10点）

（6）「われた楽器は夢中でした。」
① 千の楽器が、どんな様子でしたか。
（　　　　　　）
② 千の楽器が、どんな様子でしたか。
（　　　　　　）と、
（10点×2）

（7）月の音をきいて、楽器たちは、どんな気持ちでしたか。「楽を（　　　　　　）」（10点）

（8）聞きほれていた楽器たちは、どんな様子でしたか。それがわかる一文をさがして、――を引きましょう。（15点）

るはんこになり、それから、読みをかえていきました。みんなで協力し、気持ちを合わせて、楽器たちは注目して、月があらわれて音楽にしんけんに注目して、合奏が楽たちの

月 日 名前 点
始め 時 分 終わり 時 分 かかった時間 分
とく点
©くもん出版

❶ 次の文章を読んで、下の問題に答えましょう。

運動会当日、お母ちゃんは、のぶよの弟のけんじの短きょり走に間に合わせに、おなかをすかせたお母ちゃんが用意してくれたお弁当をけんじは食べずにかけ出した。

（あと一列。）

のぶよのしんぞうの音が、だんだん高くなる。

サクッという音とすなほこりの後、のぶよの目の前が急に広くなった。深こきゅうして、体を前にたおす。頭の中が真っ白になっていく。

「よういー！」

耳のおくで、かすかにスタートの音を聞いた。両わきからいちどきに風が起こる。のぶよも体を前におし出した。

（がんばって走らなきゃ。）

体が重い。

お母ちゃん、ショックだったろうな。でも、けんじにもやさしくて……。

（１）走る前ののぶよは、どんな様子ですか。（一つ10点）
①（しんぞうの音が　　　　　　　　　　）なり、頭の中が②（　　　　　　　　　）になっていった。

91

（２）のぶよが「体が重い」と感じたのは、どうしてですか。合うほうに、○をつけましょう。（10点）

ア（　）スタートから両わきの子におくれを取って、やる気がなくなったから。

イ（　）お母ちゃんやけんじ、自分の気持ちを考えてなやんでいるから。

ウ（　）家族のことよりも自分のことだけを考えたいと思って、あせっているから。

（令和2年度
村上春樹
中学年向き
東京書籍版
新しい国語四上
66〜68ページ
『走れ』）

だ。
気の中に気がついた。思いがけないおれ！走れ！そのまま、ぎゅっと足が止
とにかく体がいうとちゅう間、軽く
飛びとめても、とにかく走れ
にならなくなる空走れ」姉ねえの声が（こ

……体にしたがってほとんど命だと本当はおれのとして走るにとめても、体が後ろへ重くなる。ひっくりかえるようにして走るにとめて、体が後ろへすれば、

れの「一つの声」

すれの気がした。「いっしょに走れ」

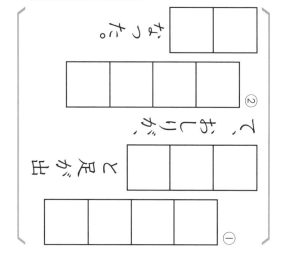

（3）「一つの声」はだれの声ですか。

「一つの声」はだれの声ですか。

（4）「一つの声」を聞いて、のぶよの体はどうなりましたか。

　① (　　　　　) の声
　② (　　　　　) の声

（一つ10点）

（5）「いっしょに走れ」という気持ちがよく表れている

　①　□□□□
　②　□□□□□□
　と足が止
　と足が止
　とおもい、

（一つ10点）

（3）①（　　）に川の声を聞いて、
　②（　　）と思いながら
　③（　　）と思いながら

（一つ10点）

47 しんだんテスト ③
「アップとルーズで伝える」

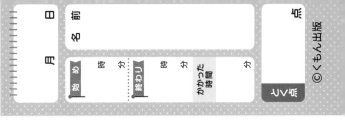

月　日　名前

始め　時　分　　終わり　時　分　　かかった時間　分

とく点　点

©くもん出版

1 次の文章を読んで、下の問題に答えましょう。

1 アップでとったゴール直後のシーンを見てみましょう。ゴールを決めた選手が両手を広げて走っています。ひたいにあせを光らせ、口を大きく開けて全身でよろこびを表しながら走る選手の様子がよく伝わります。アップでとると、細かい部分の様子がよく分かります。しかし、このときゴールを決められたチームの選手は、どんな様子でいるのでしょう。それぞれのおうえん席の様子はどうなのでしょう。走っている選手いがいの、多くの部分のことは、アップでは分かりません。

2 試合終了直後のシーンを見てみましょう。勝ったチームのおうえん席です。

(1) 「ゴールを決めた選手」の様子をくわしく表している部分をさがして、——を引きましょう。（10点）

(2) このとき とは、どんなときですか。（10点）

〔　　　　　　　　　　　　　〕

(3) 1のだん落をまとめた次の文の（　）に合うことばを書きましょう。（一つ10点）

①（　　　　　　　　　　）と
しらべ、ゴールを決めた選手の表じょうなど、①（　　　　　　　　　）の様子はよく分かる。しかし、おうえん席など③（　　　　　　　　　　　）のことは分からない。

93

（令和2年度版 光村図書『国語 五 銀河』中谷日出「アップとルーズで伝える」52〜54ページによる）

3 かち気持ちを、線も、様子で、喜ぶことも合っていたり、体をおどらせて喜んでいる様子がよく分かります。

テレビのようにあらゆるものを伝えるのではなく、目的にかなったものだけを切りとって伝えることができます。

①アップでは、細かい部分の様子がよく分かります。それぞれのアップの表情やしぐさが分かります。

放送では、アップとルーズを切りかえながら放送しています。

線をひいた選手をアップでとったゴール直後のシーンを思い出しましょう。

それから選手たちの方へと、おうえんせきから、それぞれの顔が広がります。喜びを体全体で表しながら、走っている選手たちの様子がよく分かります。

観客がまちあがって、たちあがっている様子は、ルーズでなければ分かりません。

ア （　）　1→2→3

イ （　）　1→2、3

ウ （　）　2→1、3
（10点）○

（6）テレビのアップとルーズの関係だから、①〜③のどれを選んでもよい。

①それぞれアップとルーズには
②といいところがあるから。
（完答10点）

（5）送しているのは、ルーズだ。

①様子とおうえんせきなどの様子は分からない。

②様子は分かる。

③様子は分かる。
（一つ10点）

（4）書き文の（　　）の②の中の言葉に合うものを次のア〜エの中から選んで記号を書きましょう。

48 しんだんテスト（4）
「ポレポレ」

月　日　名前　点

始め　時　分　終わり　時　分　かかった時間　分

とく点

©くもん出版

1 次の文章を読んで、下の問題に答えましょう。

ピーターは、新学期と同時にナイロビの学校から転校してきた。夜八時ごろ、クラスの加藤くんがゆくえふめいになったと、ピーターから電話があった。

「ちょっとまって、ぼくがさがしものをするから。」

ピーターは地面にすわりこむと、なぞのような言葉を

| ① | ととなえた。

数分たっただろうか。

「わかったよ。だいところにいる。」

と言って、ピーターは立ち上がった。

「高い所にいても……、周囲を見ぼくはきょろきょろと周囲を見わたした。

「タワーのようなたてもの……？」

ピーターは真けんだった。ぼくは半分信じていなかったけど、考えた。

「うーん……。」

<u>無人の展望台</u>がある。あれかな？

ぼくは駅の方向を指さした。

駅の向こう側の、おかの上

(1) | ① | に合うことばを選んで、〇をつけましょう。(10点)

ア（　）ギリギリ

イ（　）ブツブツ

ウ（　）ジリジリ

(2) 「……」にことばを入れるとしたら、どんなことばが入りますか。一つ選んで、〇をつけましょう。(15点)

ア（　）苦手だから行きたくないな。

イ（　）そんな所にいるわけがないよ。

ウ（　）そんな所が近くにあったかな。

(3) 「無人の展望台」とは、どこにありますか。(15点)

〔　　　　　　　　〕

95

（令和2年度版 東京書籍 新しい国語 四上 96〜98　西本鶏介『ピーター』による）

「ピーター！」

〔本文〕

「ピーター！」すると、また「ピー！」と声が聞こえ、女の子の同時にピーターのすがたが……

ぼくは、きいろいすべり台のつな引きを始めた。

……

（7）「　　　　」という声を聞いたから。

ア　女の子から

イ　展望台の中から

ウ　ピーターに用事があり

（15点）

（6）——を引きわける「へ」のはたらきを、——の文からさがして○をつけましょう。

② （15点）

（5）線②「へ」は、例えばどれですか。選んだものは「へ」に○を合いましょう。

ア　それも

イ　それから

ウ　たとえば

（15点）

（4）　②

©くもん出版

月　日　名前

| 始め | 時 分 | 終わり | 時 分 | かかった時間 | 分 |

点

とく点

❶ 次の文章を読んで、下の問題に答えましょう。

１　もう一度、くわしく観察してみましょう。アメンボの足は六本ありますが、そのうち二本の前足と二本の後足の先で水面に立ち、のこりの二本の中足の先をうまく使って動いています。ボートをこぐオールの先のようなもので、アメンボは中足でしっかり水をはじかないことができるのです。中足は、ごく先のとがった部分で、しっかりと水をはじくことができるのです。しかしアメンボは中足の根っこの方までしっかりと水の中につっこむことができるので、こうすることで水面にうかんで走ることができるのです。

２　それでは、アメンボが水面にうかんで走るのはなぜでしょうか。

３　アメンボは、水面に落ちてきた虫を食べ物にしています。もがいている虫は、水面に小さな波を立てます。アメンボは、前足の先でその波を

(1) アメンボは どのように して水面を走りますか。一つ選んで、○をつけましょう。
(15点)

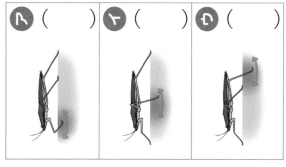

ア（　　）　イ（　　）　ウ（　　）

(2) たとえを使ってアメンボが水面を走る様子を表した文をさがして、文章の中に——を引きましょう。 (10点)

(3) アメンボの食べ物について、合うものを一つ選んで、○をつけましょう。 (15点)

ア（　　）水面に落ちてきた虫だけを食べる。

イ（　　）水面の虫が、水中の生き物を食べる。

ウ（　　）水の中にいる生き物だけを食べる。

97

（令和2年度版 学校図書『みんなと学ぶ小学校国語四年上』39〜41ページによる）
高橋敏隆「アメンボはどんな昆虫か」による

アメンボの特ちょうを説明した文章です。アメンボの動きを想ぞうしながら文章を読もう。

し、水面にうきたりうきしたりするアメンボは、水にうかびますが、自分の足で水面におとされる物を

④ アメンボは、水の上を動いているうちに、キッチンのあいだにいる虫を近づいていって、中足のつめで、その虫をひきよせます。そして、体のうしろにあるストローのような口を虫にさして、からだのえきをすいとります。
アメンボは水面におちた小魚やこん虫などを食べるのです。

⑤ アメンボは水にうきながら、水面を動いていられるので、水の中にすむコオロギやバッタなどを食べたり、水面におちてしまったこん虫を食べたりできるのです。
アメンボはこん虫ですが、水面で生きていけるので、おぼれる心配がないので、水面で生きていられるのです。

（4）アメンボの食べ物は、①〜⑤のどの物を取りますか。

アメンボの食べ物は、①〜⑤のどの物を取りますか。

① （　　　　　　）　　虫を足で、つめにひきよせる。
前足で虫に近づいて、波をキャッチして、虫に近づく。

② （　　　　　　）
虫に口をさして、虫のえきをすいとる。

……　□ のため落

（5）アメンボは、何というやり方で虫を見つけて口を「メ」ますか。（10点）

（6）アメンボが、食べ物を食べる「場所」が、「水面」だという理由を書きましょう。なぜ、アメンボが、水面で食べ物をとるのか。（20点）

50 発展テスト(2)
「ウナギのなぞを追って」

月　日　名前　点
とく点
始め　時　分　終わり　時　分　かかった時間　分
©くもん出版

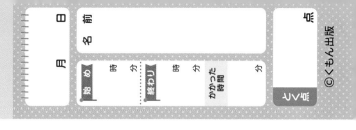

1 次の文章を読んで、下の問題に答えましょう。

わたしたちは、もう一度この調査でわかったことを※レプトセファルスが見つかった場所を地図に記して（図4）、それらの体長と合わせて考えてみました。

一九九四年ごろ、これをもとに、わたしたちは、分かったことを整理しました。図アのように北赤道海流をさかのぼって東へ行くほどレプトセファルスは小さくなっています。しかし、西向きに流れる北赤道海流をさかのぼって東へ行くほど、レプトセファルスは小さくなっています。

ある地点をこえると、ばったりとなくなっているのです。海底の地形図であると、そこには大

0　500km
海山の連なり
図4

※レプトセファルス…ウナギの赤ちゃん。

(1) 図4の●は、どんな場所を表していますか。（15点）

〔　　　　　　　　　　　　〕

(2) 北赤道海流をさかのぼって、東へ行くほどどうなっていますか。（10点）

レプトセファルスは（　　　　　）なっています。

(3) 「ある地点」をこえると、どうなっていますか。（10点）

レプトセファルスは、全く（　　　　　）なっています。

(4) 「ある地点」とは、どんなところですか。（一つ10点）

① （　　　　　）が

② （　　　　　）に連なっているところ。

（令和2年度版 光村図書 国語四下 はばたき『ウナギのなぞを追って』塚本勝巳 本文は92〜93ページによる）

図5は、新月の日前後にウナギが多く産卵していることがわかりました。（図5）
この図は、月の見え方と日にちを合わせて、計算して、新月と満月のときをくらべ、日にちに合わせてウナギが分かり、新月と満月のとき、どちらが多く産卵したかを照らし合わせ、計算したものです。

そのウナギがめやすが何かあるのかもしれない、そう考えに立たれているわたしたちの海山に決められた南北に連なる三つの海山が、ウナギの産卵に、何か役に立っているのかもしれないと考えた、わたしたちの調べている海山に、何かめやすになるものがあるのではないかと考えました。

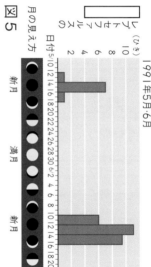

図5

月の見え方	1991年5月・6月
新月	満月
新月	

(5) 図4から、ウナギのたまごを産むところが考えられる、海山に関係がつくウナギの図名です。

ア（　　）……海山に関係がつくウナギの
イ（　　）……海山に関係がつくウナギの

(6) 前の図5の □ にはまることばを、あとから一つ選んで、〔　　　〕に書きましょう。(10点)

ア（　　）たまごを産む時期
イ（　　）たまごを産む場所

(7) 図5から、ウナギの数が考えられる、ウナギの〔　　　〕について、次の図のようにまとめました。○を入れたり、□をつけたりしましょう。

ア（　　）○をつけたところ
イ（　　）生まれた数
ウ（　　）成長した数 (15点)

ア（　　）イ（　　）ウ（　　）

①　ウナギは、〔　　　　　　　　　〕のいる。
　　で（　　　　　　　　　　　　　）にいる。
②　に合わせて、ウナギは（　　　　　　　　　　　）を産んにいる。 (一つ10点)

くもん出版

51 発展テスト(3)

「だまし絵で分かる脳の仕組み」

❶ 次の文章を読んで、下の問題に答えましょう。

本当とちがう見え方を「だまし絵」といいます。本当とはちがう見え方で見えてしまう絵や図を「だまし絵」といいます。不思議ですね。どうして、そう見えるのでしょう。その答えは、「わたしたちの脳が何かをしているから」です。実はわたしたちは、ものを見るために、脳はたくさんの仕事をしているのです。（一部省略）

この世界では、色はどう信じられましょうか？「あ」と「い」の形の色はどちらの？「あ」の列と「い」の列の色がなんと、ここで行われている脳の仕事は、明るさをくらべるという仕事です。「周りに白いものがある

A〔エー〕

あ

い

B〔ビー〕

あ

い

(1) 「だまし絵」が本当とちがう見え方で見えてしまうのはなぜですか。合うほうに ○をつけましょう。 (10点)

㋐（　）脳が多くの仕事をしているから。

㋑（　）脳が全く仕事をしていないから。

(2) 図A〔エー〕で、「あ」と「い」の色はどちらがこいですか。一つえらんで、○をつけましょう。 (10点)

㋐（　）「あ」がこい。

㋑（　）「い」がこい。

㋒（　）どちらも同じ。

(3) 図A〔エー〕で色のこさを考えるときの脳の仕事は何ですか。 (一つ10点)

① （　　　　　　　　　　）を

② （　　　　　　　　　　）仕事。

〈令和2年度版／東京書籍『新しい国語』学校図書『みんなと学ぶ小学校国語四年下』竹内龍介　134〜136〉

い脳のまわりの色などが大きくかわるとへんかはよく分かるので、その仕組みを見ればいいのですが、へんかへはかんじんのへんかをしたものの色の面積が……

明るさを感じる重さ明るさ……まわりが明るいところにあるものは明るく見えるし、まわりが暗いところにあるものは暗く見えます。まわりが白い中のものは暗く見え、まわりが黒い中のものは明るく見えます。

このように、まわりのかんきょうによって明るさのかんじ方がかわるという経験は、だれでもしたことがあるでしょう。

（このような色や明るさのへんかを、形を見るときにも着ている服のもようと同じように……脳がその形を見て……）

（4）次のとき、脳は明るさを

（5）~~~~~は、図Aの「あ」と「い」のどちらですか。○をつけましょう。（10てん一つ）

　② 周りが黒い場合の中のもの　（　　　　　）見える。

　① 周りが白い場合の中のもの　（　　　　　）見える。

（6）~~~~「色」を「感覚」としてとらえているのは、正しいといえますか。○をつけましょう。（10てん）

　ア（　　）「あ」

　イ（　　）「い」

（7）図Bは、何の軽さを見えるようにしたものですか。明るい色の面積があ……に見えるように書きますか。理由を考えて書きましょう。（20てん）

　イ（　　）明るい色の面積があ……に見えるよう。

　ア（　　）明るい色の面積があ……に見えるよう。

4年生

文章の読解

答え

1　物語の読みとり(1)　登場人物①　ページ1・2

❶ (1)はるき
❷ (1)男の子
❸ (1)おばさん
❹ (1)あきら
❺ (1)妹　(2)ぼく
❻ (1)すみれ

ポイント
かかれているのは、皿をあらった人物だよ。

2　物語の読みとり(1)　登場人物②　ページ3・4

❶ (1)りょう
　(2)お母さん
❷ (1)村田さん
　(2)わたし
❸ (1)おばさん
　(2)ゆみ
❹ (1)先生
　(2)みんな
　(3)そうすけ

3　物語の読みとり(1)　登場人物③　ページ5・6

❶ (1)りょう
　(2)お母さん
❷ (1)村田さん
　(2)わたし
❸ (1)先生
　(2)そうすけ
❹ (1)おばさん
　(2)ゆみ

4　物語の読みとり(1)　できごとと場面①　ページ7・8

❶ (1)トラック
❷ (1)つばめ
❸ (1)太陽　(2)せみ
❹ (1)昨日
❺ (1)日曜日
❻ (1)午前中
❼ (1)今日

5　物語の読みとり(1)　できごとと場面②　ページ9・10

❶ (1)横だん歩道
❷ (1)部屋の前
❸ (1)教室　(2)となり
❹ (1)しっかりと〈しっかり〉
❺ (1)思いっきり
❻ (1)そっと
　(2)にっこりと〈にっこり〉

6　物語の読みとり(1)　できごとと場面③　ページ11・12

❶ (1)かけました
❷ (1)鳴き始めた
❸ (1)連れてきました
　(2)見ました

ポイント
設問の主語に対して、「どうした」にあたることばを考えよう。

❹ (1)にぎやか
❺ (1)白鳥座
❻ (1)入学式
　(2)とてもきれい
　※「きれい」でもよい。

❼ 物語の読みとり④(1) ページ13・14
❶ (1)おにい (2)子犬 (3)ワン (4)いっしょう (5)だって
❷ (1)夕方 ※「肉屋」でも。 (2)肉屋さん (3)(お店の)ほうへ

ポイント
「──」があるときは、「──」の前後の言葉に注目すると、「──」が何を指しているかわかります。

❽ かんじ(1) ページ15・16
❶ (1)道 (2)オ
(2)さか道 〈しょうじき〉
(3)(4)おう (5)島 (6)おおぜい

ポイント
松井さんは、自分の車の後ろからついてきたちょうに気づいておどろいていますね。

ポイント
(3)(4)(6)「だっこ」は、子どもの動きを表す言葉に注目したら、様子が……

ポイント
「イヌ」や「ネコ」、「チョウ」は生きものの名前だから、「が」「は」でつなぐといいんだね。

(7)カ

❾ 説明文の読みとり①(1) ページ17・18
❶ (1)へんしん (2)陽
❷ (1)ボ……なる
❸ (1)利用 (2)身を守る
❹ (1)ク (2)はたらき

ポイント
説明文のだいじな言葉は、くり返し書かれていることが多いです。文章を読むときは、「何について」書かれているかを考えながら、文章の初めに書かれている「──」を知っておくと、だいじな言葉が見つけやすくなります。

❿ 説明文の読みとり②(1) ページ19・20
❶ (1)ビー玉 (2)くだもの
❷ (1)ワ (2)もえて
❸ (1)立てて (2)のえて
❹ (1)時間

⓫ 説明文の読みとり③(1) ページ21・22
❶ (1)タ (2)川の真ん中
❷ (1)きは (2)消化
❸ (1)ク・イヌ・ネコ・貝 ※海そうは、じゅん番どおりでなくてもよい。 (2)おなかをすかせて海にもぐって (3)※「イヌ」「ネコ」でも。

104

12 説明文の読みとり(1)
話題と内ようち④　　　ページ23・24

❶ (1)①こう水
　②えをさがすか
　③さんそ
　④きれい

❷ (1)だくわえます
(2)①ほって
②うめます（かくします）

ポイント
野生のリスは、冬にそなえて食料をたくわえるんだね。

(3)①かくした（うめた）
②わすれて

13 説明文の読みとり(1)
話題と内ようち⑤　　　ページ25・26

❶ (1)時期や方向
(2)①昼と夜 ②変化 ③季節
(3)太陽や星の位置

❷ (1)毛の色の変化
(2)①春から夏にかけて ②うす茶色
※①「春から夏に」でもよい。
(3)①見つかりにくく ②守る

ポイント
終わりの文「このようになります。」に注目してね。

14 かくにんドリル②　　ページ27・28

❶ (1)①もんしろちょう ②花
(2)①赤 ②黄 ③むらさき ④青 ⑤色
※①〜④は順じょがちがっていてもよい。
(3)花を見たことのない
※「花を見たことがない」でもよい。

ポイント
「実験は、まず、〜」で始まるだん落で実験の方法が書かれているよ。

(4)①こうせつに
②花だん
③むらさき
④赤い

ポイント
「もんしろちょうは、いっせいに〜」「花だんは、たちまち〜」で始まる二つのだん落で、実験の結果が書かれているよ。

(5)例もんしろちょうが、色で花を見つけているから。

ポイント
「でも」は、前の文と反対のことがらが後に続くときに使うよ。

(6)イ

15 物語の読みとり(2)
場面の様子①　　　ページ29・30

❶ (1)フーフー
(2)ギンギン
❷ (1)そよそよ
(2)ほかほか
❸ (1)せっせと
(2)よたよた
❹ (1)はっとしました
(2)（かぎを）さがしてみました

16 物語の読みとり(2)
場面の様子②　　　ページ31・32

❶ (1)ぽぼ落ちそうに
(2)①立ち止まろう
②登って
(3)わりと大きな声で
※「大きな声で」でもよい。
❷ (1)①くま
②あわてた
(2)①こうせつに
(3)①さむさ
②すばやく

※ 一「ベルル」「ベルル中」も正かい。

2
(1) くじけて
(2) 気分
(3) よくない

1
(1) 気持ち
(2) 明るい

※ 一「草」をふくんでもよい。

(1) ほたる
(2) 野原

(3) つり

19
ページ 37・38
物語の読みとりと
場面の様子と
言い方 (2)

2
(1) ことわった
(2) ジシャン
(3) おもちゃ箱

1
(1) そりどよく
(2) たのしく
(3) 白いびょうぶ
(2) ほか

18
ページ 35・36
物語の読みとりと
場面の様子と
言い方 (2)①

2
(1) 青々
(2) 月々

1
(1) ほっとし
(2) おどりこ
(3) 静かっ

ポイント

「バング」「ゴーッ」「グン」などの音葉は、広場がにぎやかなようすや楽きな様子をつたえていますね。

※ 一くれて
(2) ほっと
(3) そこで

1
(1) 音楽
(2) グングン
(3) そう

17
ページ 33・34
物語の読みとり
場面の様子 ③ (2)

4
(1) でなければ
(2) しかし

3
(1) ぬれて
(2) それから

2
(1) だから
(2) しかし

ポイント

「だから」「しかし」などは、文と文をつなぐことばです。前の文からの続きぐあいを考えて、つなぐことばを選びましょう。

1
(1) ぬれた

21
ページ 41・42
説明文の読みとり
文をつなぐことば (2)

(1) し
(2) 水に
(6)

ポイント

「見つからない」は、「行動して」いるね。

(5) ます。

(4) すが、三ミリぐらいのおおきさになると、横たおしになって、水にうかびます。たまごは、黄色く……それが、水に

ポイント

「だれが」は、「分つうみか」、「どうした」は、前の文の「三洋……」の主語とじゅつ語にあたるね。

1
(1) イ
(2) 分な

(3) ます

20
ページ 39・40
ひょうしょうことば ③

22 説明文の読みとり
文をつなぐことば②(2)
ページ 43・44

1 (1) した
(2) 行こうか
2 (1) そして
(2) それとも
3 (1) 何をしますか
(2) おはです
4 (1) では
(2) つまり

23 説明文の読みとり
文をつなぐことば③(2)
ページ 45・46

1 (1) ひきだけだ
2 しかし
3 また

ポイント
2 3とも、□の前と後のつながりを
考えて選ぼう。

4 (1) わすれてしまう
(2) それで

ポイント
「わすれる。□、木の実が芽を出す。」
という、つながりだよ。

24 説明文の読みとり
文をつなぐことば④(2)
ページ 47・48

1 ①しかし ②また

ポイント
「また」は、前の文の内ようと後の文の内
ようがならぶような関係になるときや、
前の文の内ように付け加えるときに使う
文をつなぐことばだよ。

2 そして
3 ①そして
②では
4 ①すると
②だから
③また

25 説明文の読みとり
さししめすことば①(2)
ページ 49・50

1 (1) ようふく
(2) かじ
(3) 建物
(4) テーブル

ポイント
それぞれの□の部分に、〔 〕のことば
を入れて文を読んでみよう。意味が通れ
ば答えは合っているよ。

2 (1) 岩石
3 (1) うす茶色
(2) 真っ白

26 説明文の読みとり
さししめすことば②(2)
ページ 51・52

1 (1) きば
(2) はたらき
(3) メソポタミア
2 (1) 丸にしましょう
3 (1) 人形の紙人形
(2) 流しびな

27 説明文の読みとり
さししめすことば③(2)
ページ 53・54

1 (1) ところどころにとけている岩石

ポイント
□これ□に〔 〕のことばを入れてみよう。「と
ころどころにとけている岩石をつくるとい
います。」という文になって、意味が通るね。

(2) オリンピックの五つの輪のマーク
(3) よう虫を育てるための部屋
2 (1) メソポタミア地方

ポイント
「ここ」や「そこ」は場所を、「これ」や「そ
れ」は物やことがらをさすよ。

3 (1) きょうりゅうの死体
(2) ほね

29 人物の気持ちを読み取る① (3)
ページ 57・58

① (三)楽し
② (三)悲し
③ (三)くやし
④ (三)おどろい
⑤ (三)さびしく
⑥ (三)うれし
⑦ (三)へった
…いった

⑤ 和室
⑥ ア…洋室　イ…和室

ポイント
前の父の文は「洋室」について書かれていて、その後は「和室」について書かれています。「洋室」に対して「和室」は必要なものかどうかが書かれているね。

④ ウ

ポイント
「洋室」と「和室」の良い点について書かれているね。「～に対して」の「～に」の前の文は「洋室」、その後は「和室」の良い点について書かれています。その後の「それ」は、その前の器具をさしているよ。

③ ウ

ポイント
「～には」「～では」のように書かれている前（文）には、その内容について書かれていることが多いよ。

28 かくにんテスト(4)
ページ 55・56

① (二)部屋　(2)(ア)家
(イ)何に使う
(三)部屋の使い方

32 気持ちの変化を読み取る① (3)
ページ 63・64

① (二)残念だ　(2)(一)楽しそう
(三)助けるぞ

② (2)無事で安心した

ポイント
「～」からすぐあとの気持ちの強さがわかるよ。「だけは。」とあるね。

④ (三)思いこんで

ポイント
「どっと」が「ワーッ」「わあ」の様子をくわしくしているよ。

③ (二)わい　(2)大きくちゃん

ポイント
「足がすくむ」は、こわくて体が自由に動かなくなることだよ。きみたちは橋のまん中あたりで足がすくんだんだね。

31 人物の気持ちを読み取る③ (3)
ページ 61・62

① (二)ひとりぼっち　(2)大きくちゃん
② (二)あわ　(2)転校
③ (二)こわい

⑤ (二)泣きそうに　(2)きんちょう

ポイント
コートの前で手をふったんだね。きみはうれしかっただろうね。

④ (二)かんしゃ　(2)うらやまし
③ (二)(きん)ちょうした
② (一)わらった
① (一)よろこんだ

30 人物の気持ちを読み取る② (3)
ページ 59・60

33 物語の読みとり(3) 気持ちの変化②(3) ページ65・66

❶(1)①どこにいるのかなあ
②たくさん見つけるぞ
(2)②じまんした

ポイント
初め、りょうはなかなか貝を見つけることができなかったよ。その後、一生けんめいさがして、たくさんの貝を拾ったことから考えるといいね。

❷(1)泳げるかどうか
※「泳げるか」でもよい。
(2)泳げるかもしれない
(3)かん声を上げた

34 物語の読みとり(3) せいかくやくがら ページ67・68

❶(1)①だれか
②ゆずろう
③席

ポイント
バスがこんできたので、「ぼく」は、だれかに席をゆずろうと思っていたよ。でも、そのきっかけがつかめずにいたんだね。

(2)思いきれないこと
❷(1)①からす
②おじちゃん
(2)助けたい
(3)からすは、からすをきつにうらみつづけた。

35 かくにんテスト⑤ ページ69・70

❶(1)今でも地下

ポイント
〜の後の文に注目しよう。「そうしたい気持ち」とは、プラタナスの切りかぶの上に立ってみたい気持ちだよ。

(2)根にささえられている

(3)①みんな ②両手

ポイント
マーちんの「根にささえられているみたい」ということばから、プラタナスの木になったように感じていることがわかるよ。みんながどのように乗ったかは「せいの高い花島君を〜」のだん落に注目しよう。

(4)①プラタナス
②（きっとまた）おじさん
(5)ウ

36 説明文の読みとり(3) だん落と要点①(3) ページ71・72

❶(1)㋐輪切り
㋑しましょう
(2)㋐うすい色
㋑こい色
㋒差
❷(1)㋐（照りつける太陽の）熱
㋑水の中
㋒熱
㋓大気
(2)㋐温度
㋑調節
(3)温度差

37 説明文の読みとり(3) だん落と要点②(3) ページ73・74

❶(1)㋐どろどろ
㋑岩石
(2)㋐マグマ
㋑ふき出して
(3)㋐温せん
㋑観光
❷(1)㋐死体（ほね）
㋑（陸で）発見
(2)㋐海の水
㋑地面

39
説明文の読み
だん落の関係と
り①
(3)
ページ
77・78

❶ (一)…⑦ (2)③ (3)④ (4)① (5)…⑦ ②…⑦

❷ (1)…② (2)③ (3)…②
(一) から イ
エ おも 水面

40
説明文の読み
だん落の関係と
り②
(3)
ページ
79・80

❶ (1)① (2)② (3)イ
熱

❷ (1)ア (2)② (3)… ⑦ ④① ③… ⑦ ②… ⑦

ポイント
この文章は、大きく二つ（①〜③と④〜⑦）に分けられるね。

(2)
※①は、順番が（ちがっていても）正かいです。
⑤…⑦
④③②…①
(一)…⑦

ポイント
「では」は、話題を変えるときに使う文章だね。

38
説明文の読み
だん落と要点
③
(3)
ページ
75・76

❶ (一) ⑦人がしぜんと ①人がしぜんと ②… はが通らない ③こしがいたく
(2)⑦草の ①さく ②オシロ ⑦ゆたかな

ポイント
このだん落の内ようを、①〜⑤でたしかめよう。

41
説明文の読み
だん落の関係と
り③
(3)
ページ
81・82

❶ (一)…⑦ ②… ⑦ ③ エ (2)⑦ ①見り ②くらべて ③
❷ (1)⑦四月 ①六月 ②④ (3)⑦

ポイント
②〜④のだん落が、どのように観察してわかったかに注目しよう。

42
かくにん⑥
ページ
83・84

❶ (一)ナイフ (2)(こしょうの) みアジサイ

ポイント
筆者の「〜しよう。」の言い方にだけ注目して、言いたいことだけを読みとろう。

❶ (一)ナイフ (2)(こしょうの) みアジサイ

ポイント
この文章は、① [6]のだん落で、②〜⑤の問いに対する答えをまとめているよ。

(6)ウ

(一)ペンチ・ハサミ・かん切り（ナイフ）。
②ナイフやハサミ・はさみの、生活の中での実けんを、[2]の問い・その結か
③④⑤という①〜⑤のじゅんに調べる身について
⑥まとめ

(6)
(一) ③ (2)食べて
(3)ウ (4)アのらし
⑤ ④ ②
※①は、順番が（ちがっていても）正かいです。
[5]・[4]
[5]・⑥

43 詩の読みとり(1) ページ85・86

❶ (1)イ

(2)たかくなる

ポイント
②のまとまりは、一行ずつ「だん」ということばがふえているね。少しずつ高くなるとびばこの様子が伝わるように、詩の形をくふうしているよ。

(3)例 だんだんとびばこが、とても大きく見えたから。
※「大きくてこわかったから」など、とびばこを「大きく」感じている内ようが書けていれば正答。

❷ (1)ウ

(2)例 日の光
※「太陽」などでもよい。

(3)①例 水が流れている
②例 風がふいている
※①「水の」、②「風の」でもよい。また、ひらがなで書いてもよい。

(4)例 かえるの鳴き声

44 詩の読みとり(2) ページ87・88

❶ (1)あ①黒い ②銀
い①青い ②白く

(2)①ふしぎ ②あたりまえだ
※②「あたりまえ」でもよい。

❷ (1)イ

ポイント
「とまれと言っても もうとまらない」とあるね。

(2)①川 ②あたらしい日

45 しんだんテスト(1) ページ89・90

❶ (1)練習

(2)おどり上がって

(3)楽器倉庫の上。
※「楽器倉庫」でもよい。

(4)イ

(5)①こきこき ②えんそう

(6)リっぱな楽器
※「リっぱ」でもよい。

(7)ウ・エ（エ・ウ）

(8)おたがいに足りないところをおぎない合って、音楽をつくっているのです。

ポイント
「おぎない合う」とは、足りないところを十分になるように、おたがいにつけ加えるという意味だよ。楽器たちはみんなで協力し合って、月がうっとりと聞きほれるような音楽をつくり出したんだね。

46 しんだんテスト(2) ページ91・92

❶ (1)①だんだん高く ②真っ白
※①「高く」でもよい。

(2)イ

ポイント
のぶよの心の中の声に注目すると、のぶよが、お母ちゃんやけんじ、自分のことを考えながら走り始めたことがわかるよ。体が重く感じたのは、考えて気持ちが落ちこんだからだね。

(3)①けんじ ②お母ちゃん
※①②は順じょがちがっていてもよい。

(4)①思わず ②きゅん
②すっと軽く

(5)①体 ②するする ③はじけて

ポイント
「体にからみついていたいろいろな思い」とは、お母ちゃんやけんじ、自分に対する自分をおさえていたことだよ。けんじとお母ちゃんがのぶよをおうえんしてくれたことで、のぶよの落ちこんだ気持ちはどこか消えたんだね。

47 せつめい文 (3) ページ93・94

❶
(1)
(例)ロを大きく開いて、両手を広げ、全身であらわして（います。）
(2) 選手の様子が、よりみんなに伝わるように。
(3) ① コンパクト ② ※くわしい部分
③ ※多くの部分
(4) ① ※多くの部分 ② くわしい部分
(5) 感じられるから。
(6) イ
(7) ※(一)伝えられる (2)伝えられない（順序はちがってもよい。）

※ポイント※
1 この文章は、[3]の例をあげて、②の説明をしているよ。どちらの落とんが、よりくわしいのかな。

48 せつめい文 (4) ページ95・96

❶
(1) イ
(2) ウ

※ポイント※
「ぼく」は、エスカレーターの周囲を見わたして、「ぼく」が「ぼく」の考えた通りに「へん」な様子になっていると信じている。

(3) 駅の向いの側の、かべの上の
(4) ア
(5) エスカレーターを持って、先に歩くから。
(6) イ
(7) イ
※「入」が同じ。

49 発展テスト (1) ページ97・98

❶
(1) イ
(2) ア
(3) ア
(4) ① ② ③
(5) ウ
(6) ア

※ポイント※
②の落とんの問いかけに対して、[5]の落とんでこたえている。

50 発展テスト (2) ページ99・100

❶
(1) ① たくさんのアメンボ
② アメンボがいた場所
(2) へこみ
(3) とおくへ
(4) ① 大きな ② 北
(5) イ
(6) ウ

※ポイント※
アメンボの田中さんたちの落とんに「～ね。」とあるね。みんなと照らし合わせて、わかったことを書こう。

51 発展テスト (3) ページ101・102

❶
(1) ア
(2) ウ
(3) ① 明るい ② 暗い
(4) ① 明るい ② くらい（こい）
(5) イ
(6) イ
(7) 「あ」と「つ」が同じ色であること。ですから。